PART 2

巩固你 20% 的普通朋友   089

女人人脉论

颜值高不如人脉广

[韩] 菲奥娜＿＿＿＿＿著

杨梦黎　蔡秋艳＿＿译

Contacts

青岛出版社

QINGDAO PUBLISHING HOUSE

图书在版编目（CIP）数据

女人人脉论 / 韩 菲奥娜. 杨梦黎 蔡秋艳译. -- 青岛 ：青岛出版社，2012.7

　ISBN 978-7-5436-8566-6

Ⅰ．①女… Ⅱ．①菲… Ⅲ．①女性－人际关系－通俗读物Ⅳ．①C912-49

中国版本图书馆CIP数据核字(2012)第149597号

山东省版权局著作权合同登记号　图字：15-2012-155

书　　名　**女人人脉论**
作　　者　[韩] 菲奥娜
出版发行　青岛出版社
社　　址　青岛市海尔路182号（266061）
本社网址　http://www.qdpub.com
邮购电话　010-85787680-8015　13335059110
　　　　　0532-85814750（传真）　0532-68068026
责任编辑　杨　琴
选题策划　杨　琴　张　博
装帧设计　苏　涛
印　　刷　三河市南阳印刷有限公司
出版日期　2016年3月第2版　2016年3月第3次印刷
开　　本　32开（880mm×1230mm）
印　　张　7.5
字　　数　100千
书　　号　ISBN 978-7-5436-8566-6
定　　价　32.00元

编校质量、盗版监督服务电话　4006532017
青岛版图书售后如发现质量问题，请寄回青岛出版社出版印务部调换。
　　电话：010-85787680-8015　0532-68068638

Con

编者序：**女人更需要人脉**

序　言：**人脉就是你的钱脉**

PART 1
让 80% 的泛泛之交最大化

PART 3

抓牢 5% 的亲密关系   165

Contacts

女人更需要人脉

提起人脉这个词，大家都不陌生，卡耐基给人脉下的定义是：人脉即人际关系、人际网络，体现人的人缘、社会关系。人脉在社会文明高速发展的今天，更是具有无可替代的作用。

小编第一次看到这本书稿，一开始不以为然，毕竟写人脉的书太多了，能写出新意并具有指导意义的书不多。但这本书并没有宽泛地讲如何拓展自己的人脉圈，而是限定了对象，即只讲女人的人脉，内容更加细化，更有针对性。

这本书纠正了小编看待人脉的误区，即以为人脉就是认识的朋友越多越好，而且不分亲疏远近，跟谁都能把酒言欢、互诉衷肠，本书将人脉划分了三个层次，第一层次是 80% 的泛泛之交，第二层次是 20% 的普通朋友，第三层次是 5% 的亲密关系。作者针对不同层次的朋友，给出了具体的交往建议，内容贴近工作和生活，而且切中大部分人的痛点。既有可供参考的真实事例，又在事例中悟出交往的必备原则。

"参加行业内部的社交活动，参加让你认识更多新朋友的聚会，去认识公司中那些你平时不是每天都打交道的人，参加慈善公益活动，参加体育活动或是其他兴趣团体……这些都是积累人脉的重要途径。"

"当女人们在一块时，最敏感的话题就是对于身体的指责。"

"维持人脉最重要的一点就是，要乐意和别人分享——分享知识，你的专业知识有时能帮上别人的忙；分享资源，包括物质和朋友关系方面的。"

"在人与人的关系中，异性关系是刺激而敏感的话题，特别是和泛泛之交的人，更应该小心谨慎地谈论，甚至要避开这些话题。"

"其实与不同于自己的人交朋友，只要找对了方法，你就会发现因为各自生活不同而使对话变得有趣。"

……

小编在做这本书的过程中，获益良多，也翻阅了不少相关资料，针对书中提到的"网络是扩大人脉的有效途径"，小编看到一些通过微信朋友圈结交朋友的好文章，这里跟大家分享一下。

一、通过微信平台拓展自己的人脉圈，要对你个人的微信好友进行分类。

第一类人，第一代微商人。每天在朋友圈狂轰滥炸发布代理的产品广告图片。除此之外再无其他内容。

第二类人，广告刷屏加个人小情怀。

第三类人，晒客。各种晒，晒美食，晒美照，晒孩子，晒爱情，晒风景，晒自己。

第四类人，转客。各种转发，转发各种文章，从不发表自己的言论。

第五类人，朋友圈空空如也，但是对朋友发布内容会点赞并仅限于点赞。

第六类人，有微信，无发布，不点赞。

第七类人，拒绝用微信，不会用微信，不知道微信。

第八类人，每天发布各种抱怨与批判，各种负能量。世界如此邪恶，他人即是地狱。

第九类人，每天各种正能量，各种鸡汤加励志，一个月30天每天都阳光明媚，只有白天没有黑夜，只有快乐没有烦恼。

第十类人，每天都有新发现，每天都是新的自我，发现世界的美，感受世界的真，体悟人间的善，提升的快乐，有度的悲伤，专注的眼，聆听的心，还原世界本来的样子，喜怒哀乐都是对世界爱的表达。

第十一类人，智慧超群，各种小事都能升华至浩瀚宇宙，飘渺人生。这是作家和学者的路数。

以上的十一种分类可以提供给你拓展人脉的思路，例如第一类人，若你想要跟他维系关系，不妨不定时购买他的代理产品，通过咨询产品的方式搭建与第一类人的友好关系。但是不得不说的是，此类人一般比较注重利益，与你的沟通交流大多以代理产品为主。以购买为突破口有利于迅速搭建关系，但是这种关系通常是在利益基础上的，没有了利益驱动，关系很容易散。

第二类人喜欢文艺气息和小资情调，可以多在他发的照片和文字内容下点赞和评论，以他在微信圈里展示的内容为话题点，跟他建立联系。

第三类人，是比较喜欢分享的人，他们恨不得将生活起居的点点滴滴都公布在微信上，今天他去了哪里，明天他吃了什么，朋友圈里的人都一目了然，此类人是对微信比较依赖的人，如果想要跟此类人建立关系，不妨多在他发布的信息下点赞、评论，一定会增加此类人对你的好感度。

而对于第四至七类人，通常都比较懒于打理微信圈，不以微信作为主要的沟通工具，这类人可以考虑通过其他的联络方式构建关系，不宜以微信为主。

第八类人是活在自己世界里的人，通常将生活的不如意以微信为发泄口释放出来，这类人不建议结交，因为他会给你传递负能量。

第九类人是内心比较脆弱的人，他们需要用鸡汤励志文来鼓励自己，将生活中的不如意隐藏起来，这类人通常是把微信当成疗愈的工具，可以考虑与他分享鸡汤励志语录的方式构建联系。

第十类人是生活比较丰富多彩的人，他们热爱生活，也懂得分享，并将微信作为他们记录人生轨迹的重要工具，我们不妨也多在此类人的微信下评论和点赞，来跟他们建立初步的联系，并可以适时地跟他们私聊，共同分享生活的感悟。

第十一类是读书比较多的人，不妨以跟他们讨论名著、请教问题的方式来搭建沟通的桥梁。

二、我们要让自己成为朋友圈里受欢迎的微信好友，如何才能做到呢？

1.鼓励发原创的文字和图片，真实分享生活：谈到原创，很多人认为要长篇大论，要文字水平多高才可以。其实，微博、微信、微电影的兴起就是因为人们已经厌烦了长篇大论，是生活节奏加快的一种表现。因此，原创的概念其实就是真实的分享，哪怕是当下的一张照片及自己的真实即时感受分享都好。比如今天就有不少朋友晒早晨上班路上的照片，诉说自己挤地铁的感受，这样的原创和分享就是一种原创式交流，会有很多人喜欢和回应。

2.减少转发，尤其不做垃圾搬运工：现在很多人愿意复制粘贴一些名言、警句等"心灵鸡汤"类的文字，其实在网络时代，类似的资讯随处可见，也许你是第一次，但是对于很多微信好友来说就是垃圾信息。因为你不确定好友是不是老网民甚至是骨灰级网民，这样的搬运或者读者文摘式的转帖，只会降低好友对你的认知度。还有些人一直热衷于转发类似"抵制日货"、"捐款寻人"、"救人"等过时或者不真实的信息，这样也会降低好友对你的认知度。

3.不做表情帝：有人喜欢在群里频繁地发各种表情、图片，有些图片甚至比较低俗。其实用表情表示心情没什么问题，但是不能用表情来代替说话。群里是一个交流的大平台，如果两个人在大平台里没完没了地聊天，必然会对其他人带来干扰，所以建议只要你的话题没有引起三人以上的参与，私聊最好。

4. 不释放负能量，多传递正能量：有人喜欢在朋友圈或者群里释放类似于"我不开心"、"郁闷死了"之类的负面情绪甚至加上一些极个性的照片分享。其实，这是没有注意到自己公众形象的一个表现。因为你既然分享你的东西，就要知道你不是生活在一个封闭的圈子里，而是至少暴露在朋友面前，所以，你传递出去的能量是正还是负，决定了你朋友对你的看法。一般经常发表类似负能量图片或者言论的人，很容易引起好友的反感。

三、我们通常都有以同学、同事、亲戚等为划分的微信群，这种建立方式简单有效，但人数有一定的局限性，我们不妨开辟一些其他种类的微信群。

（一）兴趣爱好

可以根据自己的爱好加入相应的微信群，如高尔夫俱乐部、爱车微信群、足球微信群、篮球微信群、创业圈微信群等等，加入这些由兴趣爱好组建的微信群，大家有共同的话题进行交流，这样的关系和友谊就可以快速建立起来。

（二）本地圈子

加入一个本地微信群，因为在一个相同的城市各自都可以帮助到对方，并且可以经常约朋友出来玩一玩，这样能维持很好的关系，这样的关系都有价值，维持相互利用是维持关系的最好方法。关系都是这样建立起来的，你来我往。

加入微信圈一定要注意的是，要加入跟自己层面相符的圈子，保持价值相等。你加入那些跟自己价值层面不相符的圈子，关系根本建立不起来，因为你的利用价值太小了，根本没有人能看得上你的价值。

四、我们无论是在个人对个人的微信交流中，还是个人对多人的微信交流中，为了抓住更有效更有价值的人脉，一定要认识两种人：人脉的枢纽和高价值拥有者。

（一）人脉的枢纽

这样的人在一个圈子里能力不一定是最强的，可是他人缘非常好，通过他你能认识更多高价值的人脉，问一问自己身边是不是有很多这样的朋友，这样的人就是一个高质量的人脉枢纽，搞定他最好的办法就是主动示好，比如请他吃饭、经常互动等，通常这些人脉很好的人，也是容易相处的人，一般不会拒绝一个主动亲近的人。

（二）拥有高价值的人

这些拥有高价值的人，认识他们可以带给自己高质量的人脉及价值，所有的人都想在他身上获得价值，所以通常这些高价值的人很难接近，因为他并不需要你，并不希望你能带给他们什么，其他人总是向他索取或者别人给他们什么东西的时候总是别有用心，所以他害怕你接近他。

认识这些高价值拥有者最好的方法就是找一个很好的介绍人（中间人）介绍相互认识，这样就能快速获得信任。

跟这类高价值的人建立关系并不是件容易的事，必须慢慢培养你们之间的关系，不能一开始就用利益来建立关系，除非你有很给力的东西让他没有办法拒绝你。

此外，我们应该注意的是，不管什么移动互联网工具都只是一个工具，人才是一切资源、财富的载体，我们更多的是要去了解别人，而不是单纯地依赖工具，人与人交往的关键，还是在于人的主动性。

小编最后再提醒大家一句，要想拥有高价值的人脉，前提是我们要提高自身的价值。人际间相互来往的目的无外乎互惠、互助、互利，如果我们个人对别人来说没有多大的价值，那么即便建立起了人脉圈，也会很快流失掉。所以我们还是要把大部分的功夫花在提升和修炼自我上。

人脉就是你的钱脉

　　"我在熟人面前，总能滔滔不绝，可是一和不熟悉的人在一起，我就觉得没什么话题可以聊，真尴尬。"

　　"我想和新来的项目经理关系变得更好些，可是一和他说话我就胆怯。"

　　"真羡慕那些朋友多的人，我的人际关系就很窄，每次想找人帮忙，翻几遍通讯录都找不到人。"

　　"建立人脉，我知道很重要，可是我真的不太善于交际。"

　　这些关于人脉的烦恼，或许很多人都会有。很多人抱怨说，自己运气不如别人好，有的人升职加薪平步青云，有的人八面玲珑好人缘，有的人一遇困难百人帮，很多摆不平、做不到的事情，这些人都有办法搞定。他们把别人的这种能力称为机遇或运气，而自己没有这种运气，注定一生平庸。其实，这些机遇和运气，就是人脉圈的力量——人脉关系在起决定作用。良好的人脉资源，能给我们的生活和工作等方方面面带来希望或是特权，甚至有着"起死回生"、"化腐朽为神奇"的作用。善于经营人脉的人，总能比别人得到更多的机会。

那么人脉到底是什么？卡耐基说：人脉即人际关系、人际网络，体现人的人缘、社会关系。人脉是一种资源和资本。人是群居的动物，在这个世界上不是一个独立的存在，而需要相互支撑、相互依存、相互帮助。成功的人和平庸的人之间的差别，不是金钱上的，也不是运气上的，而是人脉圈的大小不同。

斯坦福大学曾经对上千位成功人士做过一项调查研究，并得出一个惊人的结论，那就是专业知识在一个人的成功因素中的作用只占 15%，而其余的 85% 则取决于人脉关系。无论什么行业，人人都会用到人脉，特别是职场人士更需要拓展人脉来获得更多的成功机会。你在这个社会中，在某个工作中，最大的收获不只是赚了多少钱、积累了多少经验，更重要的是认识了多少人，结识了多少朋友，积累了多少人脉资源。这种人脉资源将对你的人生产生巨大的影响。

那么，是不是认识的朋友越多，人脉圈子就越大呢？其实并不是这样。大多数人终其一生，大约会有 200 个朋友。在这些朋友中，大约有 80% 是泛泛之交，他们对你毫无帮助，也不会给你积极的影响。但是，在这 80% 的朋友中，如果仔细筛选，细心经营，有 20% 会成为你的普通朋友，并会给你正面影响。若是和他们的关系维持得很好，又会有 5% 的人成为拥有关系亲密的朋友，这 5% 则会帮助你，甚至对你的命运产生决定性的影响。有选择地认识对自身有价值的人群，抓住那些帮助你的 5%，你的未来将彻底改变。

认识的朋友多，是人脉资源的基础，而维持好人际关系，是一个过程，将人际关系转化成人脉资源，就是你的目标和结果。因此，人脉资源依赖于广泛的朋友圈和良好的人际交往基础。

在上世纪 60 年代，美国社会心理学家米尔格伦提出了著名的"六度理论"——要结识任何一位陌生的朋友，这中间最多只要通过六个朋友就能达到目的。如果你想认识一个人，托朋友找朋友的朋友中认识的人，以此类推，之间不会超过六个人。比如你要认识美国总统奥巴马，你只要通过托朋友、朋友再托他的朋友，总之不会超过六个人，你就能和奥巴马取得联系。

通过朋友去认识朋友的朋友，你就能非常方便快捷地建立起自己的朋友圈。当然，前提是你要提高自身的价值。人际间相互来往的目的无外乎互惠、互助、互利，如果你个人对别人来说没有多大的价值，你们的交往没有任何实际意义，那么就算是通过朋友建立起的关系，也会很快消失掉。有的人说：并非所有的人际交往都以功利为目的。是的，我们不排除非功利的人际交往，但能够长久保持密切往来，一定有利益关联或以情感为纽带，特别在这个快节奏的时代，谁有工夫应酬无聊的交往呢？如果当下和长远，你都不可能对他人产生价值，那谁会和你交朋友呢？你的贡献越大，价值越大，别人愿意为你付出的也就越多。

当你和他人之间建立起联系，然后再把你认识的朋友向纵深和广度拓展，使其稳定、有序、无限地增长，你的人脉就会像黄金一般质地坚硬、价值高、保值性大，在你最需要的时候给你支持和帮助。

Contacts

PART 1

让 80% 的
泛泛之交最大化

某个研究机构曾经做过一项关于如何找工作的研究。此项研究调查了几百个职业人士，发现 56% 的人都不是通过猎头或者招聘广告找到工作的，而是通过他们的私人关系。更有意思的是，90% 的人称他们的这种私人关系不过是泛泛之交。

　　这个结果非常出人意料。我们总是把大部分的精力放在重要的人际关系上，却从未发现泛泛之交有如此大的作用，我们的下一次机会很有可能并不是来自我们的好朋友，而是来自那些跟我们并不太熟的人。而大多数女性喜欢闺蜜、挚友，不喜欢泛泛之交，很多女性都认为参加社交活动是在浪费时间，因为在那种场合，无法结交"真正的朋友"。她们实际上没有意识到，泛泛之交也可以对自己的命运产生决定性的影响。

　　现在，整理一下你的联络清单吧，把你的朋友分门别类。对于泛泛之交，你不用花太多时间去刻意经营，免得让人觉得你矫情。但是，千万不要忘记在特定的日子里联络他们，送上你的祝福与关心，让你们的关系一直保持下去。

01

人际关系不是男人的专利

"聚会？我和他们都不认识，算了，我就不去了吧。"

"不知道和周围的人说什么好，挺尴尬的。"

"我不喜欢这种场合，吵吵闹闹的。再说，认识他们有什么用，还不如自己在家看电视呢。"

有一次，我们总公司举办圣诞晚会。因为总公司旗下有十几家分公司，所以不同分公司的同事相互间大都不认识。我和部门的同事梁小姐住得比较近，想约她晚上一起去，但她拒绝参加。我非常惊讶地问她："你为什么不去参加派对呢？"她说："我不喜欢那种场合。和别人都不认识，我不知道在那种场合该和周围的人说些什么。"

我当时终于明白梁小姐在公司兢兢业业工作了这么多年，却始终在一个职位上停滞不前的原因了。梁小姐毕业于一所名牌大学，工作能力出色，而且非常努力，每天早出晚归，还经常加班。我们总觉得，以她的实力怎么着都能当个部门经理了，但是，10 年过去了，她一直止步不前，没能成为单位的中高层管理者，原因就在于她没有意识到和他人之间的关系和沟通多么重要，没有意识到人脉构建的必要性。参加行业内部的社交活动，参加让你认识更多新朋友的聚会，去认识公司中那些你平时不是每天都打交道的人，参加慈善公益活动，参加体育活动或是其他兴趣团体……这些都是积累人脉的重要途径。

我过去也不喜欢参加这种聚会，但是偶然参加的一次聚会，却对我影响巨大，可以说改变了我的人生。10 年前 IT 业风靡之时，我的母校曾举办过一次与 IT 领域相关的同学会。毕业之后，我一直不热衷于参加同学聚会，但这次聚会刚好与我从事的领域相关，再加上是一位与我有着多年交情的朋友通知我的，所以我就破例参加了。

记得当时参加这次聚会的大概有 200 人。当时活动举办者告诉我，在母校举行的各种聚会中，除了"××行业夫人聚会"（丈夫在同一行业的女性校友组织的聚会，以帮助丈夫走向成功或者联络关系为主旨）一类之外，职业类的聚会中，这次是人数最多的。我的母校是女子大学，女生毕业之后职业选择的道路都很窄，有些人甚至不工作就直接结婚了。所以聚会时参加的人数不多是再正常不过的了。IT 业刚刚兴起时，程序设计、网络企划和设计领域都需要大量的人才，因此不仅是男性，越来越多的女性也开始涌入。其实不只是 IT 业，其他领域中也一样，女性越来越多地参与社会分工。作为男人专利的"人际关系经营"，对于女人来说也变得不再那么陌生。

在那次聚会上，母校在这个行业中的佼佼者几乎全都参加了。我认识了给予我职业生涯巨大帮助的几个朋友，虽然刚开始只不过是在聚会上聊聊天而已，没想到后来日渐熟悉，成为挚友，有的还成了我生意上的伙伴。那一次聚会给予我的启发很大，我也终于明白，女人，也需要和男人一样建立一个良好的人脉圈，这对你今后的事业发展至关重要。

但是，女人的人脉圈和男人的有什么区别呢？究竟什么才是女人的人际关系呢？它和男人的人际关系是否一样？非得是业务上的关系才可以被称为人际关系吗？像前面提到的"××行业夫人聚会"是不是也属于女人自己的人际关系呢？对于女人来讲，只把与工作相关的人加入人际关系网的做法是不合适的。女人的一生，除了亲密无间的朋友之外，还会认识很多人，这些形形色色、亲亲疏疏的人组合成了女人的人际关系网。

但是女人看待人际关系不会像男人那样，把它看作是一种工作业务上的那种生硬冰冷的信息传递，而是将之视为柔和温暖的情感交流。所以，女人很难分辨出与他人交往时是情感交流还是普通的信息传递。女性的这一特点，恰好成了进行人际交往的优势。走路时看到别人家的小孩摔倒了，就帮忙扶起来；看到拍婚纱照的新娘，就会上前握住她的手并给予祝福……女性的感性成了她们建立良好人际关系的基础。

其实对于女性来说，工作中的人际关系和生活中的人际关系是交织在一起，很难清晰地区分的。在工作中，我也拥有良好的人际关系，这其中有文笔好又有天赋，关键是每次都给我的书作序的B；有热心帮我找所需资料的M；还有经常帮我设计名片和个人空间的A。在工作上，她们都是我不可多得的伙伴。但是我与她们并不是那种冷冰冰的单纯的业务关系，而是那种思想和情感都有交流的挚友。我的事业也因为有了她们才变得更加顺利。

所以，如果在你的人际关系网中，能多几个在工作中对你有帮助，且在精神与情感上又能和你产生共鸣的朋友，那真是一件幸福的事。

与其说女性在融入社会后才需要经营人际关系，不如说女人独有的"人际关系经营"从过去就一直存在，只不过现在有所变化罢了。

不管是"××行业夫人聚会"，还是"××行业同学聚会"，对于女人来说都是很重要的人际关系建立的途径。如果有条件，你应该尽量参加这些聚会。就算在聚会上收获的只是泛泛之交的朋友，没准儿哪天就会成为帮助你成功的利器呢。

02

把你的朋友类别分清楚

"我帮了你那么多次了，你为什么连这点小忙也不肯帮我？"

"在你眼里我就是这种人吗？"

"你这么做太令我伤心了。"

这种抱怨对方的话，我们自己曾经说过也曾经从别人那儿听过，甚至曾经伤害过彼此的感情。明知这种话会伤害对方，为什么还一再地说那样的话呢？其实理由很简单，因为对方令我们失望了，心里很不是滋味。

对于我们来说，时间和精力是有限的。意识到这一点，是理解泛泛之交的第一步。有些人认为她们有着无限的时间和精力，有这种想法固然很好，但我们必须认识到这种无限是在有限的时间和精力内的。

有两个朋友同时约你，要是你把时间分给朋友 A 的话，当然就不能再把时间分给 B。到底是见 A 呢，还是见 B 呢，你必须做出选择。这时候你是按照什么标准选择的呢？

选择的标准有两个，一是"正确的时间见正确的人"，把有限的时间合理利用。搞清楚是"见 A 或见 B，哪个对你的利益更大一些？"这实际上是在选择把精力投在谁身上。把正确的精力投在正确的人身上，对你的人脉建立才有重要的意义。

但是，有时候我们很难在这两人中做出选择，无法估量两人谁对自己更重要，那么你可以采取与两人同时见面的方法。当然，必须要确定 A 和 B 都是你的泛泛之交，才能使用这种办法。因为在这种一对二的环境中是不能进行推心置腹的交流的，只能是泛泛之谈，让你"省时又省力"地维持两个泛泛之交的友谊。

　　"怎样和他人亲密相处"这个话题在人际交往中永远都是焦点。如何与他人融洽相处、如何经营人际关系，这些都是需要我们了解的。但是，这一切的前提，都要求我们必须先迈出第一步，讲出第一句话……一步步打下关系的基础。但是，难道所有的人我们都要去交往吗？

　　有些人认为维护好人脉一定要扩大人际关系，尽量和人们亲近，最后自己觉得关系好的人越多越好，但一到关键时刻却找不到人帮忙。所以说，我们要摆脱"必须要与所有人亲密相处"的这种观念。我们要先判断这个人是不是我应该亲近的人，那些没必要非得走那么近的人，就可以果断地归入泛泛之交一类。说了半天，可能有些朋友还不理解什么样的人才是泛泛之交。在如今的社会里，泛泛之交的关系到处可见。公司同事之间，学校同学之间，大多都可归于此类。有许多朋友我们只知道她们的名字和长相，却从没有与她们交流过。这就注定会出现"我记得她，她却不记得我，或者她记得我，我却不记得她"的现象。泛泛之交也存在于亲戚之间。除了特别近的亲戚之外，剩下的亲戚全都可以归类为泛泛之交。虽然（这剩下的亲戚中）也有因个别原因而走得很近的情况，但是大部分还只是泛泛之交而已。

　　泛泛之交多半是因为相互脾性不合无法深交而产生。见面时大家都只能是心照不宣地打个招呼，寒暄几句，不再有进一步的深交。但有些人不管对方和自己是不是亲密朋友，都期待（或者要求）对方在自己身上花费足够的时间或精力。这样的期待，最终只能使人产生失望和落差。矛盾不可避免，最后连泛泛之交的友情也维持不了。

如果你还在为是否应该把某人归入泛泛之交行列苦恼，那么请先把我们周围的大部分人都看作是泛泛之交，然后再在这些泛泛之交中有选择性地找到可以深交的朋友，这样一来，既可以减少把时间全部浪费给泛泛之交给自己带来的伤害，又可以尽情享受她们带来的或多或少的快乐。虽然我们不能都成为亲密无间的朋友，但也可以和大家一起快快乐乐地相处。

03

嫉妒她的好人缘，
不如学到她的人脉交流法

"金小姐就是个交际花，不就是长得漂亮点嘛，她和谁都能混个脸熟。"

"李小姐可真能嘚瑟，不就是靠拍领导马屁才混了个主任当嘛，有什么了不起的。"

"最看不上这种自来熟的人了，和谁都能嬉皮笑脸的，好像人人都和她很要好似的。"

平时在公司里见面时也就打声招呼的宣传部金小姐，今天给你发请帖了。她还兴致勃勃地说因为未婚夫是军医，她需要随军一起到别的地方生活，所以要辞职。这时候刚刚和男朋友分手的你是不是羡慕嫉妒恨？

比你年轻的李小姐，这次升职为公司里最年轻的经理。这时候的你，肯定认为她的升职是因为她经常和上司一块吃饭，又会阿谀奉承，实力只是占了很小的一部分。接着你又会问自己：我什么时候才能升职呢？怎么连一点希望都看不到呢？这就是你羡慕嫉妒她的表现。

事实上你和金小姐或李小姐并不熟悉，可还是会嫉妒她们。如果恰巧这时候，你听到一些关于她们的绯闻，比如金小姐因为长相清纯，经常换男朋友，甚至曾和公司里同一个部门工作的同事搞地下恋情，但后来她遇到了"高富帅"的军医就变心了，所以你就想当然地认为她只是"长得漂亮的狐狸精，工作没能力，就靠姿色混饭吃"。

关于李小姐的绯闻也一样。李小姐刚进公司时也就是个"临时工"，但后来领导看好她了，让她升职，所以她应该是和领导有什么不可告人的勾当。嫉妒是人的本性，这类的谣言总是一传十，十传百。假如你听到这些谣言，你会怎么做呢？认同？添油加醋地散布？在你向别人传播这些绯闻之前，还是三思一下吧。

不能让自己的嫉妒心蒙蔽了双眼，散播一些未经考证的传言。你不知道她们背后付出了多少努力，也不了解她们真正的能力。李小姐是公司里业绩最好的一个，经常兢兢业业地加班工作，她和公司各个部门的同事、领导们都合作得非常融洽，有困难大家都愿意帮助她，她用勤奋和努力换来了升职。金小姐和军医男朋友虽然是朋友介绍认识的，但是两人一见钟情，尽管相隔两地，但是依旧相恋了10年，终于有情人终成眷属。你看不到别人努力的背后，却被嫉妒心冲昏了理智，轻信谣言，把自己富有创造性的精力花在了传播没用的谣言上。

嫉妒是人类的本能，我们没办法控制对他人产生的嫉妒。嫉妒常常来自生活中某一方面的"缺乏"。你觉得嫉妒，也许因为别人得到了你想要的工作、等待的机会，或是一份你也期待的感情，把自己与他人做比较是这种"缺乏感"的征兆。因为别人得到了你想要的东西，所以你嫉妒。嫉妒会扰乱你的想法、感觉和生活，引起你强烈的负面情绪，当这种负面情绪不断被强化和持久化，不仅伤害了别人，也将自己困在了畸形的心态中。

嫉妒其实是正常的心理，只要你能好好地处理它，在别人的成功经验里找到值得学习的方面，并将之转化为激励我们进步和成长的助力，就能帮助我们成长，提高竞争力。

04

口齿伶俐，是优点也是缺点

　　"李主任，这么巧呀，你也来这家商场买衣服呀。你选的这件衣服颜色太暗了，显老，换一件亮色的吧。"

　　"金小姐最近胖了不少啊，我家附近新开了一家健身中心，非常不错，你可以去锻炼锻炼减减肥。"

　　"你怎么能这么做呢？这是公司的物品，又不是你家的。太浪费了。"

你和旁边部门的李主任并不熟，偶尔见面时也就打声招呼、说些闲话。但是你一直想找个机会和她多交流，变得更熟悉，以便今后工作上得到她的帮助。今天在洗手间里遇见了，就很愉快地打起了招呼。

"李主任，好久不见。最近过得好吗？"

"你好，好久不见，我正在减肥，是不是看起来瘦点了？"

"听你这么一说，感觉还真是瘦点了呢。你今天这身衣服也很显肤色白……"

到这种程度的对话是令人愉快的，能够增进你们之间的关系。适当的恭维很容易就拉近双方的距离。但是如果是下面这样的对话，又会如何呢？

"李主任，好久不见。最近过得好吗？"

"你好，好久不见。你看起来比上次气色好了。"

"谢谢，我最近减肥有点效果，所以气色好多了。不过李主任你最近看起来比上次见你时胖了不少，我去的那家减肥中心真的不错，我瘦了不少，要不要介绍给你呢？到了我们这个年纪，真得注意身材了。"

听了这话，无论是哪个女人，心情都会立刻变得不好。

能够"把自己的想法完全表达出来"，证明你口齿伶俐，做事情的时候，为了避免不合理的事情、减少无谓的浪费而把自己的意见表达出来，这是人际交往的基础。但是"口齿伶俐"地谈论别人的隐私，或是背后嚼舌根，是会给人带来伤害的。"口齿伶俐"的你，无论何时只要一有机会肯定会说出自己的想法。"口齿伶俐"是你的优点，也是破坏你人际关系的缺点。

当女人们在一块时，最敏感的话题就是对于身体的指责。尤其是像指责她穿衣服没品位、不会化妆、该减肥了这样的话题最好避开。当然或许你的初衷是好的，只是希望你的话对于他人有所帮助，但是当你真正地说出这些话时，不仅不会帮到她，反而只会令你们的关系变得恶化。

女人之间不要"口齿伶俐"地指出别人的短处，特别是对待泛泛之交时，更要小心措辞。当你遇到前面提到的情况时，一定要等到对方自己先提出想减肥，并希望你能提供减肥信息后，你再回复她也不迟。反之，你的忠告只会令对方生气而已。

05

察言观色，换位思考，随机应变

　　"下次别叫刘小姐一起玩了，一点眼力见儿都没有，大家都不喜欢吃了，她非要点。"

　　"小陈这个人不怎么样，大家一起旅行，她从来不顾别人的感受，太自我了。"

　　"我觉得小张太自私了，凡事都先考虑自己，难怪没人喜欢和她分在同一组。"

和朋友聚餐时，大家会很自然地进行分工合作。有人倒水，有人摆碗筷，有人拿餐巾纸。这所有的分工都是靠女人们的察言观色来完成的。当看到别人正在做事时，即使没有人吩咐，自己也知道相应地做一些事，这就叫作有"眼力见儿"。和朋友一起乘坐公交车，碰到自己有座位而朋友没座位的情况时，就应该帮朋友拿着包，这也叫作有"眼力见儿"。

女人的世界虽然也有像男人世界那样，按照明确的阶级和地位来行动，但女人的行为对懂得察言观色的要求更高。

"你能不能长点眼力见儿呀。"女人几乎都听过这句话，有没有"眼力见儿"，是一个女人是否受欢迎的基本要求。

那么"眼力见儿"究竟是什么呢？"眼力见儿"通常可以解释为眼力和见识。

没"眼力见儿"，一般就是指自私，做事不顾及他人。比如说，大家一起吃饭时只点自己喜欢吃的，根本不管别人的喜好，或者是人没到齐，就先动筷自己吃上了；坐车时，只顾自己抢好位置，从来不去考虑他人方便与否；在谈话时，对方哈欠连天，兴趣缺乏，他们也完全察觉不到，只顾自己讲得口沫横飞；还有在肃静的场合，不管别人就自己大呼小叫。这些虽是日常生活中的小事，却也折射出人素质的高低。

"眼力见儿"不仅是一种生活态度的体现，也关乎着一个人的修养和品位。

有"眼力见儿"，是一种高尚的美德，是人的一生修养以及自我内涵的表现，也是人所必须具有的品质。从某种意义上讲，它含有尊重的成分，而尊重他人、多替他人着想，与人便利、自己便利，恰恰反映的是一个人的文化素养、道德修养。没有"眼力见儿"的人，永远体察不到别人的心情、读不懂对方的肢体语言，也不知道自己的行为向别人传递了什么样的信息，像这样的人去哪里都不会受到欢迎的。

而有"眼力见儿"的人，很善于体察到别人内在的情感和态度。他们通过对方的表情、视线或是姿势来读出对方的意图。因为他们对别人的需要很敏感，理所当然地会让别人觉得跟他们在一起很有共鸣。他们不是以自我为中心而是以别人为中心的，因此他们不论走到哪里都有很高的人气。

心理学家斯奈德将这种"眼力见儿"命名为"自我监控Self-monitoring"，也就是指能够准确地把握别人的感情和心态，在不同的场合和面对不同的人做出恰当的行为的能力。

俗话说，"有眼力见儿的人到和尚庙也能有酱吃"，也就是说，这样的人能捕捉到非语言性的信息，从而准确地掌握对方的心理状态。做一个有"眼力见儿"的女人，你就能够轻易获得别人的好感，到哪里都能吃香。

06

办公室的八卦时间，我要参与吗？

"财务部新来的会计真够讨厌的，每次我交报销单子上去她总要挑毛病，这也不对那也不对。"

"对我也那样。差不多就行了，你说她较什么真啊？"

"哦，我以为她对我有意见，只对我一个人那样呢。看来这个老女人真够变态的。"

在公司聚餐或聚会上聊天，其中一定不会漏掉的主题就是对某个人嚼舌根。不管是多么优秀的公司、团队还是集体，几乎没有不在他人背后说长道短的。

在背后说长道短，是大多数女人的天性。有时候在背后说别人，不一定都是坏话，也有可能是赞赏，但是大多数的时候，聚餐和聚会总是抱怨公司、辱骂上司，或者议论公司里的某个人。若互相都有同样不愉快的经历，有可能为了共享这段经历而大大议论一番。

"主任真够讨厌的，总是在快下班的时候安排工作。"

"对我也那样。你说她是不是更年期综合征提前发作了？"

"哦，看来不只是对我一个人那样啊。我觉得也是，这个老女人真够变态的。"

这样互相之间形成了共鸣，开始在同一话题的基础上兴致勃勃地议论起他人来。在这种情况下，你就算不想参与其中，转身离开或者闭口不谈都是很突兀、不合群的事。

问题在于，这种露骨的聊天内容若传到了当事人的耳朵里，对你的人际关系的建立绝对是一个不小的影响。如何才能在"八卦时间"里既和同事们有共同的话题，而又不得罪别人呢？最好的对策是——就算是嚼舌根也不要让自己成为领头羊。从人的本性上讲，不议论他人是不太可能的。但是，最好还是做好"等别人先开了口，我才嚼舌根"的思想准备。你可以是附和的人，但是一定不要做领头羊。枪打出头鸟，用在这里也是合适的。

比如说，金主任莫名其妙地把你刚提交的材料退回来了，这时候即使你很想第一时间告诉同事们，抱怨金主任的不可理喻，但是我劝你先忍一忍吧。不要第一个引起嚼舌话题。如果是你的失误导致材料被退，你却将责任推到金主任的头上，你今后的职场生涯，就注定坎坷了。而如果真的是金主任的个人喜好否定了你的工作成果，这样的领导，在公司中肯定树敌不少，每一个下属，都或多或少对他有所不满，所以肯定会有人首先挑起议论金主任无知的话题，别人先开始了，才是加入讨论的好时机。但是，嚼舌根也一定要把握好度，别为一时的口舌之快影响了你的工作。

如果公司里已经形成了一种"大家都讨厌金主任"的气氛，所以谁在背后议论了金主任并不重要，不是只有你一个人对他不满。但如果是你首先挑起了话题，请相信，"听说某某讨厌金主任"这样的传言传到金主任的耳朵里不需要太长的时间，那么，那只倒霉的替罪羊，通常就是你。

当八卦中的主人公是大家讨厌的对象时，为了和大家有共同的话题，可以参与到八卦中，但是记住一定不要做那个挑起八卦话题的人。这样做虽然有点狡猾，但可以相对地减少自己的损失，维持好自己的人脉关系。

07

不熟悉的人提出令你为难的请求怎么办

"我真不想帮他这个忙，又不是很熟，为什么要借钱给他？"

"可是你又不好意思拒绝他，如果拒绝他他肯定到处和别人说你小气。"

"是呀，我也是这么想的，真是让人为难。"

对于别人提出的请求，自己无论多么想以友好态度回应，但当对方提出的请求令人为难的话，就会控制不住自己的情绪，有当场想与对方断绝关系的想法。所谓令人为难的请求是指突然借钱或以毫无回报的方式索取我所拥有的专业知识。当然，这说的是双方关系并不亲密的情况。

我有时候会遇到诸如"你懂日语吧？贸易伙伴给我发来了一封邮件，你能不能帮我翻译一下？"的请托。若是亲密的关系再怎么忙也可以抽出点儿时间帮忙看看，但仅仅是认识而已，在我也很忙的情况下还要抽出时间答应那样的请求就很让我为难。这时是直接推掉令自己为难的事情好，还是想各种借口委婉告诉对方"我不想帮忙"好？而若是对方为此请吃饭或者送礼物的话又应该怎么处理呢？这样令人为难的情况我想大家都遇到过吧。与金钱有关的请求同样如此。公司里和你不熟的同事，通过 MSN 发来信息问："可以借点儿钱给我吗？"这时候你又要怎么处理呢？借，你们不熟，你当然担心他会不会还给你；但是拒绝，对于任何人来说都是件困难的事情。拒绝了，你会担心以后遇见了这个人会不会感到尴尬，你会不会被他人冠上一个"小气鬼"的名声。其实，事情远没有你想象的那么复杂，请记住一条：对于令你为难的请求，果断选择拒绝会更好一些。这里提到的令你为难的请求，远不只是钱。因为无论是钱、时间还是精力，都是一样的，感到让自己"为难"，这就是拒绝的标准。

人总是利己的。因此当答应别人为难我的请求时，总会在不知不觉中盘算着"下次我有棘手的问题时，她也会帮助我"。但这样的期待，最后必然使得相互的关系变得更加尴尬。为了预防这种事情的发生，最好不要投入泛泛关系中不必要的东西（金钱、时间、精力）。投入更多的资源来维持泛泛之交的关系，只会让你得不偿失。

我在这个世界上也很重要，因担心失去泛泛之交而答应令自己为难的事情是没有必要的。令自己为难的请求，断然拒绝也无妨。

08

经济关系出现问题，人际关系也会随之破裂

　　"AA 制？不是你请我们出来吃饭的吗？我以为是你付款呢。"

　　"小周什么都好，就是太斤斤计较了。账算得真细，生怕别人占她的便宜。"

　　"哎呀，不好意思，我今天没带钱，你们就帮我付了吧，再说我也没吃多少。"

同事、朋友聚会时，如果没有人事先说要请客，基本都是实行 AA 制，大家共同分担费用。这种方式已经得到人们的认可。但是，有时候我们也会遇到一些"极品人士"，聚会结束之际某个人拿着发票开始结账，按总人数平分后喊道"每人交50元就行"时，"极品人士"会这样说：

"我不是来晚了嘛，让我付一样的钱像话吗？"

或者说："我最近减肥，都没怎么吃东西，我应该少付点钱吧。"

或许大多数人听到这话的瞬间，对这位"极品人士"的印象会变得极差，刚才吃的美食仿佛就要吐出来，为浪费了这么久的时间感到可惜，甚至觉得认识这样的人真丢脸。

类似这种"极品人士"不在少数，甚至有的人吃得多，占了便宜，但在 AA 制结账的时候，他还想再少交点。遇到这样的人，千万不要再有与之深入交往的念头。

AA 制的费用不单纯是食物的价格，还包含着与他人一起愉快地度过时间的"聚会钱"。不管吃多吃少大家都应该平等地分摊费用。如果钱不够可以向旁边的人借，或者以后再转账，再或者到附近的 ATM 取钱也行。不要为了节省这点点小钱，而破坏了自己的形象，影响了自己的人际交往。

这条规则同样适用于各种红白喜事。参加朋友的婚礼、周岁宴等，只要把朋友参加你婚礼时封的红包数再还给朋友就行了。

给得多的人多给，给得少的人少给，但给多给少不能作为亲疏的标准。如果你在为该随多少份子钱而烦恼时，只需把收到的钱如数返还就是最好的做法了。

这种正确的礼尚往来还可以把关系继续维持下去。经济上出现的问题，常常是影响你们关系的重要原因。

偶尔在 AA 制的时候也会遇到一些尴尬的情况。比如在便利店里 AA 制买饮料的时候，因为朋友多付一两块，但是又坚持不让你付款，此时这种小钱不用太多计较，下次你给多付款的人买片口香糖或者等对方用到零钱的时候主动帮忙会更好。

09

亲切，是敲开他人心门的法宝

"人善被人欺，马善被人骑。想要得到尊重，气势上就要压得住别人。"

"我是不是对别人太好了，所以他们总是支使我做这个做那个的？"

"我的个性就是这么懦弱，所以他们总是小看我，我要能拉下脸来对他人严厉点就好了。"

有的人认为，不能对别人太好，甚至必须对人冷淡，才可以树立自己的威信，维护自己的自尊心。但是"亲切"，才是人与人之间交往的基础态度。经常称赞朋友"你真漂亮"是一种亲切，乘坐拥挤的公交车或地铁的时候，为了大家能够宽松一点——把自己的身体稍稍蜷缩一点儿，这也是一种亲切。亲切不是对谁都要好、对谁都要做出伟大的事，而是为了维持良好的人际关系适当调整自己的态度。

有的人觉得对别人好，别人就会以为我好欺负，人善被人欺的观念根深蒂固，因此对他人冷冷相待。你与他人刻意保持的距离，会让周围的朋友越来越远离你，而且对结交新朋友也毫无帮助。不要吝啬你的微笑和赞美。微笑可以在瞬间缩短你与他人之间的心理距离，提升你的个人魅力，你真诚的微笑，表达了你对别人的善意和信任，就如同神奇的按钮，能立即接通他人友善的感情。因此在与人交往时，请时刻保持微笑，如同站在舞台上一样。微笑不仅能给对方留下美好难忘的印象，而且还能让自己在生活中处处获益，给别人一个浅浅的微笑，你的人脉王国就会有意想不到的收获。

而赞美是人际交往中最能打动人心的语言，赞美别人，恭维别人，是搞好人际关系最有效的"润滑剂"，是"于人有利、于己无损而有利"的事，用好赞美，你会发现这是一种非常有效而且不可思议的推动力量，甚至会使你的泛泛之交变成给你帮助的亲密朋友。但是，赞美也要分场合，看对象，语言要得体，夸大空洞的赞美如同奉承，效果适得其反。

当然，我们这章说的是泛泛之交，对于泛泛之交，适当地用微笑和赞美来交往即可，没有必要把自己情感的分分秒秒都和对方分享。

但也绝对不要认为他们是你生命中不必要的存在。泛泛之交处理得当，也会转变成亲密的朋友，在你累的时候或是遇到困难的时候，他们有可能给予你帮助。"不要过多地计较得失"是处理泛泛之交关系的行动法则，亲切地对待他人，不会贬低你的自尊心，相反却可以为你树立良好的形象。对别人亲切的心意周围的人都能感受得到，为你赢得人心，你的人品得到了大家的肯定，你的人气便能逐渐提升。

10

接到不想去的邀请，怎么办？

"接到了不熟悉的朋友的请帖，怎么处理才好呢？我不是很想去。"

"我和她并不熟，她儿子的百日宴我到底去还是不去呢？"

"算了，反正不熟，拒绝她的邀请好了。"

某天，朋友 L 气呼呼地说她在公司里遇到了很不爽的事情。本来她打算下周举办孩子的周岁宴，因为不想太过张扬，就只跟自己所在的部门同事提起过这件事。虽然和部门里的同事有的关系很好，而有的关系一般，但是同一个部门如果只邀请关系好的同事，又担心那些没被邀请的同事心里有想法，所以在会议结束闲聊的时候就跟大家说了这件事。没想到，她旁边的一个同事听完后，第一个开口道："我没时间，我下周可能要去相亲呢……"然后拒绝了她的邀请。

本来朋友 L 觉得，反正关系也不是很亲密，也没抱着对方一定会来的希望。但是听到对方当场拒绝后，心情立刻就变差了。这是因为那个人不懂得应该首先对 L 表示祝贺，一听到邀请就当场拒绝，这样的做法会让人很难堪。

我们常常冷不丁地从一个关系并不算亲密的人那里得到邀请，比如婚宴、孩子的满月酒、生日宴等等。若是关系亲密的朋友，接到邀请当然很高兴。但像泛泛之交这样的关系，若受到邀请其实是一件让人为难的事，立刻很愉快地表示愿意前往，会有些让人觉得不自然，断然拒绝又会觉得辜负了别人的好意。

这种时候，最好的做法是首先明确地向对方表示祝贺，并且表示很乐意接受邀请。反正日子还早着呢，可以利用这段时间找机会推掉邀请，也可以请别人转送礼金。重要的是，要让对方意识到你对这次邀请很重视。

一般情况下，一个人只有遇到好事了，才会去邀请别人来和自己共同分享这份喜悦。没有人会在发生不幸的时候邀请别人。发出邀请的人总是希望受邀的人尽可能多来一些，当然，也不排除邀请人想要从中获得更多的礼金的可能性。但是撇开金钱单纯地讲，就算是不认识的人也罢，婚礼、周岁宴和生日等原本就是个喜事。在接受邀请的瞬间就向对方表露出"我不想去"的情绪是非常失礼的做法。所以当听到好消息的时候请表示祝贺并愉快接受吧。如果你真的不愿意参加，那就耐心等几天后，找一些诸如有重要的事情等理由婉言拒绝，这样的话就不会显得无礼。虽然最终都是不去，但很明显，这样做给对方造成的伤害会少很多。

11

想尽快适应某个团体，
最好找一个适合自己的小团体

"刚进公司没多久，谁都不认识，一个人待着没人说话真难受。"

"怎么样才能尽快融入她们呢？"

"做完自我介绍，发现和她们没什么好说的了，真尴尬。"

　　我除了小学以外，初中、高中、大学上的都是女校，再后来
上研究生院，我们这个专业绝大多数的同学都是女生。因此自然
而然地，我对女人之间的关系更为了解。女人之间的交往最有特
色的一点就是女人们喜欢小规模地聚成一团，组成各种小团体，
再由各种小团体聚成一个较大的团体。

　　例如上大学的时候同专业里有 60 名女生，在入学大半个学
期后就结成了少则 2 名、多则 10 名的属于自己人的小团体。这
些团体 4 年间几乎没有任何变化地一直延续着，因此可以知道谁
与谁的关系密切、谁在哪一个团体里混得好。当向其他人传递消
息的时候，在心里琢磨一下这个团体，就可以大概知道如果把消
息告诉了谁会以什么样的速度传到谁的耳朵里。

　　但女人们的这些小团体交往的习惯并不止于大学生活。职场
上，同事们虽然表面上看起来是一个大的集体，但稍稍深入了解
就知道，这个大集体下面也会有各种小规模团体。比如说喜欢逛
街买衣服的同事是一个小团体，喜好美食的同事又是一个小团体，
喜欢抽烟的同事也是一个小团体，甚至同乡、同嗜好的同事也可
能成为一个小团体。这种所谓的小规模团体，私人性质要比集体
性质更大，特征也比较明显。但是这些小团体并不是孤立的，他
们之间的界限并不明显，相互之间是有重合交集的地方，而且统
一在一个大的集体中。如果你是刚进入公司的新人，想尽快和同

事们熟悉起来，那么挑一个小团体加入是一个不错的选择，你会很快融入其中，然后从一个小团体中扩散开去，认识更多的人。

因此，无论是上学还是进入职场，首先就要考虑应该依靠哪个团体，这就是所谓的有的放矢。加入一个团体，只能将这个团体的成员定位为泛泛之交的关系，而且，在加入团体之前，最好也能够正确判断这个团体是否对自己有益。比如喜欢背后说人坏话的人组成的团体，对你的职业发展又有什么益处呢？这样的团体不加入也罢。如果你不熟悉，不知道该属于任何团体也没关系，可以凭你的喜好选择加入一个小团体。如果通过比较深入的交往，你对这个团体的评价不高，你的情绪总是被这个团体的人影响，请果断离开，不要因为所谓的面子问题，影响了你对他人的判断。弄清楚自己属于哪个团体可以让自己生活得更方便，而且对扩大自己的人脉网很重要。属于某个团体，就有必要在某种程度上与团体的意见和行动保持一致。这就是生活在女人世界中的一种生活方式。

有的人厌恶这样的团体，而选择独来独往。在职场中，这是最不明智的做法，你会渐渐被他人孤立，从而感到孤独，和他人的沟通交流也会越来越少，这对你今后的发展毫无益处。因此，即便心里不是百分百满意，也要把自己放进一个最适合自己的团体里，并尝试着融入进去。虽然看似稳定的小团体会因为自然而然的解散，或者因为某人辞职、搬家而变得疏远起来，但没关系，这些小团体带给你的收获远远比你想象的多。

当然，加入这些小团体也有不好的方面，这些小团体的人数是有限且基本固定的，如果你不能由点及面地扩散交际范围，你的人脉只会越来越少。女性更容易犯下这种错误，因为女人们更看重共同语言，所以只想和拥有共同语言的人组成小团体。也就是说，同一类型的人会成为一个小团体。而大多数女人总是习惯安于现状，只和团体中的人交流，这极大限制了人际交往的范围。我们在这里建议你，到了一个新的环境，为了尽快和他人熟悉可以加入一个小团体，但是这个小团体不是你人际交往的全部，而仅仅是一个基础。由此认识更多的人，才是我们最终的目的。

12

与领导或前辈争着付款，你就错了

　　"刘主任，昨天晚上的饭钱，我们 AA 吧，让您付款多不好意思。"

　　"张经理，让您破费了，一起吃饭还让您掏钱。"

　　"陈处长，我来我来，您千万别付款。我来买单。"

不久前，一位前辈托我帮她在日本买些化妆品回来。遇到这种事，即便不用自己掏钱，也是一件麻烦事儿。但我还是义不容辞地答应了，因为拜托我的人不是别人，是经常请我吃饭的那位前辈。帮前辈从日本带化妆品回来，这些都不是免费为前辈做的，而是对前辈经常请我吃饭的一种回礼。

女性之间崇尚平等关系，因此女性之间习惯采取 AA 制消费。AA 制这种方式属于西方人的生活习惯，尽管如此，现在 AA 制在我们国家已经被大众所接受了。朋友之间聚会消费，大家谁也不欠谁的人情，不用跟打架似的抢着付费，根据自己的经济实力消费，既不沾别人的光心里总想以后花更多钱补朋友的情，也不用花钱多了觉得吃亏而在心里抱怨朋友。这样的方式有益于人际交往。

也许有人会说朋友之间采用 AA 制是"斤斤计较"，是见外，这样会影响友谊。其实不然。有的人和朋友在一起常常为付款的事搞得心里有点累。这次别人为自己付了款，自己心里就很不安，就得把这事牢记在心里，总要找个机会再为对方付一次款。在没有找到机会之前，你总有一种欠了人情债的沉重感觉。欠了人情账和欠钱不同，欠钱是欠多少还多少，而人情账你就得加倍偿还。投之以桃李，报之以琼瑶，似乎只有这样才对得起朋友。如果是自己花得比朋友少就会觉得自己没有面子，如果自己花得比朋友多，又会觉得有点吃亏。这样你来我往，表面上看朋友之间亲密得不分你我，实际上久而久之，朋友之间的交往也会被这种表面上的亲热冲淡。因此，和朋友之间 AA 制是维持良好关系的好办法。

但是，如果我们与前辈或上司吃饭时，就没有必要坚持 AA 制消费，或者是争抢着买单。通常这个时候都是由前辈或者上司来买单。对于领导或者前辈，如果他们抢着付款，你就要给足对方面子，毕竟对方的身份和年龄都高于你，如果在对方表示要付款时，你还一个劲儿地争抢着付款，那就是对对方心意的不尊重，很容易引起不快。

虽然不用争抢着付款，但我们吃了前辈或上司请的饭后，一定要表达谢意，而且一定别忘了回礼。比如说饭后请前辈去喝茶，以此表示感谢。

"在人际交往上，后辈真的比前辈消费少吗？"对于这个问题每个人的回答都不一样。如果是一直关照你而且和你关系比较亲密的前辈，不一定非得用花钱的方式来回礼，我们可以在工作上大力支持她，或在她请求帮助时，我们能在自己方便和力所能及的情况下，提供帮助就可以了。例如：当你在美术馆工作时，前辈向你咨询某个美术展举办的时间并拜托你买张票时，如果是力所能及的，不妨帮她这个忙。

前辈在写论文时，可能需要你帮她收集一些与论文有关的资料；你去国外出差时，前辈托你在免税店帮她带化妆品等，这些我们力所能及的请求都可以答应。维持人脉最重要的一点就是，要乐意和别人分享——分享知识，你的专业知识有时能帮上别人的忙；分享资源，包括物质和朋友关系方面的。

但有时候也会遇到一些让自己为难或者很难办好的请求。如果答应了他们的请求，我们就应该尽自己最大努力兑现。实在帮不上忙，表示真诚的关心，别人也会铭记在心。帮别人的忙等于向人情银行里存钱，存进去多少才能取出来多少，透支额度很有限。

天下没有免费的午餐。当领导或前辈请吃饭时，我们不一定非得用钱马上回礼，以后可以通过自己的劳动、智慧及人际关系在前辈需要帮助时给她帮助。如果一点都没想过用别的方式回礼，而是理所当然地吃前辈请吃的饭的话，那就很难建立一个良好的人际关系。

13

即使没有情谊，
也要为了利益而维持关系

"为了避开一个不喜欢的人，我要放弃很多东西，不知道值得不值得。"

"和她相处真不融洽，我真有辞职的冲动了。"

"留下来我就觉得很烦躁，走了我又觉得很憋屈，为什么我们部门里有这么一个不懂事的人存在呢？"

有一天，S 女士唉声叹气地跟我大倒苦水。

"为了提高我的英语口语，前些时候我参加了一个英语口语班，现在怕是要放弃了。唉，真不舍得，我还是想继续学习英语……"

"为什么？发生了什么事情呢？"

"在这个口语班里有一位姐姐总喜欢在我背后嚼舌根。我不想见她，但每周又要在一起上课……我现在只要看到她就很烦。"

像 S 女士遇到的这类事情也许每个人都遇到过。本来是为了充实和提高自己，参加一些辅导班，但有时由于与他人相处不融洽而有过放弃的想法。

这个时候，内心的想法就会在"留"与"走"之间挣扎着。就像 S 女士，尽管这个口语培训班她认为很不错，自己的口语水平提高得很快，因此她想继续学习。但每次看到那位在背后嚼她舌根的姐姐，她的心情会很烦躁，上课时总是爱走神，精神很难集中。面对这种情况，她究竟要不要放弃呢？

人的一生，就是一个不断进行选择的过程，就像鱼和熊掌不能兼得，我们的人生中总会为选择什么、放弃什么而苦恼。

在现实社会的人际交往中，有时候利益关系更重要，我们不能否认与别人相处很多时候也是因为利益关系。开始是因为利益而结交，但如果我们把人际关系处理融洽的话，那种为了利益而结交的关系会升华至真挚的友情。

前面说的 S 女士，参加英语口语班的最终目的是学好英语，为了达到自己的目的，有时候需要忍耐一下人际关系中的不足。

在众多泛泛之交中不可能所有的人都对你存有善意，一定会有对你存有恶意的人，当你运气不好的时候，有可能会遇到这些人。

基于利益所构建的关系只要各自达成目标，利益一旦失去，那么之前所建立的关系也会结束。对于这种利益关系，人们持有两种看法："不知何时何地还会见面，我们要努力做好。"反之"已经是老死不相往来的人，管他呢！"那么，如果是对你的利益没有直接影响的聚会，有喜欢嚼舌根或讨厌的人在场的话，那样的聚会不参加也没关系；但是如果参加聚会还有别的目的，为了达到自己的目的，那就必须要增强你的忍耐力，忽视掉人际关系中的不足。

14

就算对别人的隐私
再有好奇心，也要忍着

"真想知道张小姐有没有男朋友？要不中午吃饭的时候问问她？"

"你说，林小姐每个月的工资是多少钱呢？她在公司待了这么长时间，应该挣不少吧。"

"李小姐看起来年纪挺大的了，但还是单身，为什么她还不结婚呢？"

L 小姐进公司的第一天，察言观色，认识新同事，忙得不可开交。不知不觉到了吃午饭的时间。

L 小姐和同事们一起吃午饭，"你有男朋友吗？"她的顶头上司张组长问道。L 小姐有些尴尬，这个问题涉及了隐私，她不想回答，但是不回答好像又很不礼貌。她犹豫了一下，还是如实回答了自己还是单身。

"以前谈过恋爱吗？交过几个男朋友呢？"

L 小姐更尴尬了，虽然很想说"关你什么事！"，但张组长毕竟是自己的上司，第一天上班实在不能得罪她。

"谈过，交过三四个了。"

"怎样认识的呢？"

张组长越问越来劲，似乎完全没有要停止询问的意思。当然，她的心思也不难理解，可能她觉得私底下的对话可以使相互之间的关系变得亲近。对新员工来说，快速融入这个集体，也是一件好事。

聊及隐私会变得亲近，这是人们的一个错误想法。一般来说，隐私都是比较敏感的话题，如果是泛泛之交的关系的话，是不适合谈及隐私的。

那么，和不是很熟的人应该聊什么样的话题好呢？共鸣是融洽交谈的必要条件，那么怎么样去寻找共鸣呢？既有趣又安全的话题就是电视剧、电影、化妆品等,这些都是不涉及隐私的好话题。

可以的话,尽量不提涉及隐私的问题。初次见面,对他人有好奇心是非常正常的,但是就算再好奇,也不能在不熟悉的情况下提出有关家世、有无男朋友、收入、年龄等这样的问题,这些问题都会给对方带来不便,从而影响你们今后进一步的交往。

我离婚后,常被别人问到一些很让我尴尬的问题,比如"结婚了吗?""有孩子吗?""你爱人是干什么工作的?"尽管他们只是好奇,或者有的人只是表示对我的关心,我虽然不露声色,但是内心却很难过。我不愿意和不熟悉的人提自己的隐私,也不愿意去探究别人的隐私。如果和泛泛之交的这些谈话让我感觉不快,我可能就不会再与之交往下去。

有些问题,可能你觉得很寻常,但是在与对方不熟悉的情况下,即使是寻常的问题也有可能会让对方感到难堪。特别是现在夫妇关系不和谐的人很多,分居或离婚的夫妇也不少,所以如果在不了解对方的情况下问及关于婚姻的事情,便极有可能给对方带来不快并产生隔阂。在泛泛之交的关系下,应尽量避免谈及隐私,聊聊昨晚看的电视剧,展开愉快的对话更明智。若是真的想知道这些隐私,就和对方成为亲密关系的朋友吧。

15

不熟悉的女人 VS 不熟悉的男人，
该找谁帮忙？

　　"我觉得公司里男同事比女同事好说话。所以我都喜欢和他们交朋友。"

　　"我和男性朋友们就能很好地相处，但和女性朋友们就老合不来，这是为什么呢？"

　　"找她帮忙吗？万一她拒绝我可怎么办？"

我在日本时，参加了一次作家协会举办的聚会。尽管大家都是初次见面，但是因为有共同的话题，所以大家聊得很愉快，没有陌生感。当时聚会气氛很好，不知不觉便到了末班车的时间。在日本出租车费用很贵，所以，人们习惯赶末班车回家。但是，男人们鼓动着要喝第二轮酒，我对喝酒没兴趣，所以就先告辞打算回家了。这时一个二十几岁的年轻女孩不知所措的样子吸引了我的注意。她说家比较远而且已经没有末班车了，她有些担心。

我就提议说，不如去我的酒店住吧。我的酒店就在聚会饭店的附近，因为我是到日本出差，订的是标准间，有一张多余的床可以给她睡。尽管我们是初次见面，我没必要做到这个份儿上，但是，她一个年轻的姑娘和这些男人去喝第二轮酒的话，不知道要闹到什么时候，我也不太放心。所以，让她跟我去酒店住，我觉得对她来说更好些。尽管我的初衷是为她着想，但是，那女孩却谢绝了我的好意，并劝我不要为她担心。我也不好意思坚持劝她，就独自回酒店了。

在那次聚会中，有一个朋友和我比较熟悉，后来他告诉我，那天晚上，和男人们喝酒喝到凌晨，那个姑娘也喝高了，糊里糊涂地就和一个男人进了宾馆，更惨的是，那个男人还是一个有妇之夫。这件事情给这个姑娘名声造成了很大的影响，流言蜚语让她变得抑郁，甚至要自杀。后来，她的父母把她送出国，之后就再也没有她的消息了。

这件事情，让我自责了很久，如果我当时再坚持劝她和我一起走，或许就能避免这种悲剧的发生。在人际交往中，我们无法保证不会发生这种状况，一个女人遇到困难时，是请求不熟悉的女人帮忙还是请求不熟悉的男人帮忙？有的女性认为，男人更加不拘小节，比女人更容易提供帮助，实际上，请求不熟悉的男人帮忙比请求不熟悉的女人帮忙的危险性高得多。相对于不熟悉的男人，不熟悉的女人能帮上忙的情况更多，只要你诚恳地提出请求，对方总会或多或少地给你提供帮助。所以，如果有事需要帮忙或是给人添麻烦时，相对于不熟悉的男人，选择不熟悉的女人更明智。

那么，如何向泛泛之交提出帮助的请求呢？原则就是，对待女人可以示弱，对待男人则应示强。

我们拿一次聚会举例子，聚会中有初次见面的姐姐和哥哥，如果你有困难，在聚会中可以厚着脸皮麻烦初次见面的姐姐，在她家里留宿，但是在初次见面的哥哥家里留宿则是完全不同意义的事。事情就是如此简单。如果你仍觉得男人更容易提供帮助，向女人求助更麻烦，请你记住，大部分的麻烦来自于你对于女人示强而对男人示弱。如果能把这点记在心上，那么最后做何选择也就会变得很简单。

16

在女人堆里，外表比内涵更重要

"不得不承认，小K的品位真好，衣服穿得特别能体现她的气质。"

"是啊，我也这么认为。你看看小H，每次和我们聚会都穿得随随便便，上次去K歌，我都不好意思站在她旁边，太土了。"

"就是，下回聚会你们再叫上小H，我就不去了，丢人。"

认为自己只要一打扮就比现在漂亮的女人平时几乎都不化妆，一年中费心打扮的情况也就那么一两回。她们化妆的时候不是在和男人初次见面，就是在朋友婚礼仪式等这种特殊的场合。

那么，对于平时常碰面的人就没必要把自己最美的样子展示给他们看吗？

相对于和男人的碰面来说，和女人碰面的次数更多。就如同普通的日子比特殊的日子更多。如果我们所持的标准是只在与男人见面的时候或在特别的日子才需要化妆的话，那就意味着平时你的形象就是很随便，所以周边人对你的评价也将停留在你随便的外表上。

尽管女人们不会当面讨论女人的外表，但在私底下她们却很喜欢评价关于妆容和时尚度的问题。会常常在背后议论："哎呀，那个某某某，皮肤都不怎么好，不知为啥还整天不化妆？""早上应该一早起来化了妆再来呀。""你看她抹的口红，颜色真老气，太不适合她了。"……

我们无法阻止别人在背后议论，既然如此，何不让这些议论变得更顺耳些？"虽然长相普通，但是妆容挺端正，气质很好"，听到这样的话不是更好吗？大家的认可，会使人们都乐于和你交往。

和男人们不同，女人们不会因外貌变亲密或疏远，但并不是说她们完全不注重你的外貌。不美丽但却努力变美丽，这种奋斗的过程在女人之间也会给人留下好的印象。并且评价的标准很简单，主要是看一个人有没有最基本的化妆的诚意。化妆出门，其实是对他人的尊重。

抛开女人之间见面没有必要化妆，粗略整理一下也可以外出的想法吧。因为女人才对妆容有冷静而透彻的判断。

尤其是泛泛之交的关系，因为没有深入交流，所以会对外貌作绝对性的评价。因此"都是女人还需要化妆？"这样的想法现在要抛弃了。就像我们看着打扮得漂漂亮亮的朋友会有好心情一样，你漂亮的模样也会让和你交往的人有好心情的。

17

即便周围都是女人，也不能穿着随意

"你瞧，今天李主任穿的那裙子，真难看。她到底在哪儿买的这么不适合她的裙子？"

"上次她还穿了一条绿色裙子搭配红色袜子来上班呢。"

"真的吗？从她的衣着就能看出她是什么样的人，瞧她丝巾的颜色也是怪怪的。"

或许会有那么一两次，你会插嘴于这样的八卦对话中。但是如果八卦对话中的女主角就是你呢？估计你的心情不会好吧。

无论是怕麻烦而随意穿着还是为了给别人留下好印象而精心打扮，你的衣着都会给别人留下第一印象。

如果平时因为怕麻烦而随意穿着的话，那么在别人看来你就是不修边幅、随便的人。如果你大多数时候衣着考究的话，那在人们的印象中，你就是个端庄、优雅、讲究的人。

我想给只在特殊日子里才穿着考究的人一句忠告：千万不要忘记，相对于特殊的日子，在平时和你碰面的人更多。和你有关系的人就是平时碰面最频繁的人，而在特殊日子碰面的人平时和你的交流少之又少，通常只是泛泛之交。

譬如，你受邀参加朋友的婚礼仪式。那天你精心打扮，化了最美的妆，穿上最得体的衣服。这一天受邀参加婚礼的人很多，有与你相识的，也有陌生人。人们会因为你参加婚礼时精心打扮而记住你吗？不，那天只有两个人能被人们记住，那就是新娘和新郎。无论你做得多好，人们可能会在寒暄时夸奖一下你，但是你不会因此被人们记住。

人们只会记得你平时的模样而不是特殊日子的模样，你的人际关系也是从平时的交往中一点点地建立起来。所有亲密无间的关系都是由泛泛之交发展而来的，而一开始就亲密无间的人仅限于家人而已。要想发展一段美好缘分，最重要的是你以怎样的姿态展示给你平时的泛泛之交看。

请抛弃认为只在特殊日子才需要打扮漂亮的想法，平时也应该多穿干净利落、搭配时尚的衣服。在女人之间，怕麻烦而随意穿着也会被孤立。

18

即便大家都是女人，也不能
直率地谈论男人

"设计部新来的设计师真帅啊，个子又高，看他穿的一身名牌，家里肯定很有钱。"

"我还是觉得营销部的张经理更帅，有男人魅力，不过听说他有女朋友了。"

"有女朋友又怎么样，又不是结婚了。还是可以竞争的。"

P 小姐今天第一天到新公司上班。这个部门的女同事们都很热情，她很快就融入她们之中。当被同事问到有没有男朋友时，P 小姐坦率地回答说有一个交往并同居了 5 年的男朋友，就连男朋友的职业也说出来，她觉得大家都是女人，聊这种话题应该没问题。

作为部门经理的我也听说了关于 P 小姐男朋友的事。几天后，在一次公司中高层领导的酒席上，另一个部门的男经理和我说："听说，你们部门的新职员 P 小姐有一个交往了 5 年的男朋友，而且也住在一起了，她年龄也不小了吧，交往这么久都没结婚，肯定有什么毛病吧。"

听到这种八卦的评价，作为 P 小姐的直接领导，我心里也不是滋味。

但是，这件事不能单纯地把责任推给不分场合且表达方式不恰当的那位男经理。首先提供消息来源的 P 小姐才是最需要为自己的不当言论承担后果的人。

在人与人的关系中，异性关系是刺激而敏感的话题，特别是和泛泛之交的人，更应该小心谨慎地谈论，甚至要避开这些话题。

P 小姐当时轻易和不熟悉的人详细谈到了男朋友的事，尽管她当时也聊了其他话题，但最终流传开的也就只有易被传播的两性关系的话题而已。

在男人面前做作很容易会被原谅，但是在女人面前的做作就很难被原谅。所以，在女人面前坦率比做作更有利于建立良好的关系。

但是，有时候在女性面前也需要"做作"。特别是泛泛之交，即在初次见面的人、仅知道名字的人及公司同事中，有些敏感话题你就应该避免，哪些话题需要坦率，哪些话题需要"做作"地回避过去，这点你一定要分清楚。

男人们在一起谈论女人的话题再正常不过，而女人在一起也会谈论男人怎样怎样，同性之间话题似乎永远围绕着异性，大家都觉得这是一种放松心情的交流，其实没什么关系。女人之间谈论男人，其实比较含蓄，更多的讨论的是细节，有些话可以说，事却未必去做，只是局限于谈论和幻想。对某人的看法大家可以坦诚地谈，然而谈到自己关系亲密的异性的时候，总是不自觉地透露很多信息，而这些正是你需要"做作"地回避过去的话题。

比如说，你过去的恋爱史对你已经没有什么影响了，你觉得说出来也许会没关系，但实际上，他人可不这么认为，特别是对你不熟悉的人，很容易将此事添油加醋，广泛传播，对你个人形象会产生一定的影响，所以还是小心行事为好。

现在正在进行的恋爱关系，说不定会是使你陷入各种流言的致命的毒药。尤其是关于和恋人之间的肢体接触，还是不要详细说明为好。

在泛泛之交的关系中，即使大家都是女人也需要收敛，尤其是关于异性关系还是小心说话为好。

虽然偶尔会有无风不起浪的情况，但是，大多数情况，自己的流言蜚语都是从自己的嘴里传出的。

19

即便没有什么可夸的，
也要从细微处找到称赞的理由

"你今天的妆化得真好，真服帖，很自然。"

"你的胸针好漂亮，和你的衣服真搭。"

"你的眼光真好呀，这个颜色的指甲油显得你的手很白。"

虽然明白称赞别人是人际交往的好方法，但有时候也会碰到一些尴尬情况，那就是很想称赞她但又没什么可称赞的，想破头也想不到可称赞的话题，这种情况下怎么办呢？

比如说，在一次聚会中，有一个不怎么漂亮、穿着也不怎么好看的人初次参加聚会。大家当时都是初次见面，很难找到适合称赞的话题。性格开朗的 N 小姐轻轻地敲打着自己的脸颊对那女人说："你腮红的颜色可真好看，这个浅粉色显得你的皮肤真水灵，你可真会化妆！"就这简单的一句话，让那女人和 N 小姐找到了共同的话题，开心地聊了起来。后来 N 小姐才知道，这个女人居然是总公司经理的夫人，和这位夫人的相识，为 N 小姐日后的工作提供了很多帮助。

初次见面且彼此互不熟悉，所以要找到可称赞的话题并非易事，然而在此情况下，N 小姐却找到了一个小小的切入点，让双方都心情变得愉悦。其实，即便是没有什么可夸奖的人，只要善于寻找，依然能够找到很多可赞美的地方。

当看到美女时，我们会自然而然地称赞道"真漂亮"。对方可能会高兴，但可能会想你只是客套，或者在安慰她。因为范围太大的赞美，等于没有赞美。在现在这样一个情感表达自由开放的社会里，赞美和接受赞美已经是再普通不过的事，因而赞美往往就失去了它原本该有的强度和能量。如果我们在赞美他人的时候，能找到细节，并明确地指出原因，明确地说出令他人心生赞美的理由，那么你的赞美就能让被赞美的人感受到这不是虚与委蛇的客套，而是发自内心真诚的赞扬，这对被赞美的人来说，是多么感动和开心的事。另外，如果我们能说出具体的理由，还能让被赞美的人知道你认同她的哪一部分价值，这不仅让她对自己更有自信，也更愿意继续去实践和完善这个价值。一个人不管年龄有多大，都喜欢听到别人在赞美自己时多说些细节。例如，你说："你真漂亮啊！尤其是你的眼睛，又大又亮，睫毛又长，每次我和你说话，都不能不看你的眼睛，它们真是太漂亮了。"我保证，经过你这么一赞美，她从此会对自己的眼睛更有自信，而她也就更愿意和你做朋友了。

如果你不知该称赞什么，那么请试着拓宽称赞的范围吧。把称赞范围拓宽到不仅限于那个人而是她的周围。

譬如，背着的包、穿的皮鞋，再没有的话，就像 N 小姐一样，化妆品的颜色也能成为称赞的对象。重要的是，一定要说出你赞美的细节，也要尽可能多地描述自己因为她的这些优点而感受到的快乐和骄傲。

称赞别人是一种习惯也是一种努力。也许称赞是需要观察力的，在泛泛之交关系中的称赞，是维持自己与他人之间的良好关系的润滑油。称赞是真心还是假意这并不重要，重要的是要让对方的心情因为称赞而变好，同时让你们的沟通更加顺畅。

20

及时尝试别人推荐的东西，
并致谢

"这个品牌的唇膏，挺滋润的，你也试试看吧。"

"真的吗？刚好我的唇膏也用完了，太好了！
谢谢。"

"上次你推荐给我的那本书，挺好看的，很感
人。"

"是啊，那本书是挺不错的，我读完之后感触

也很深。下次还有好书的话，要不要再推荐给你啊？"

"好啊，如果下次我读到好书的话，也推荐给你。"

"太好了，看来我们还真是志趣相投。"

这是女人之间的习惯，若是自己用过的觉得好用的东西，比如化妆品、护肤品、书等，会把它推荐给周边的人。当别人出于好意推荐某东西给你时，若不是要花很多钱或是很长时间的话，尝试着去做也未必是坏事。

相互推荐，其实是一种很好的互动，是女人之间交流的一种很好的方式。女性注重细节，喜欢和有共性的朋友一起交流，热心向他人推荐自己觉得好的物品，就是暗示着想要和对方建立朋友关系，在共同的体验中寻找沟通的话题。所以，别人给你推荐东西的时候，试着体验一下，并及时做出回应，你会有收获好东西的喜悦，同时这也是博得他人好感的一种技巧。这样，你们之间就容易引起共鸣。除此之外，看电影、电视剧时，周围的人也会推荐电影、电视剧给你，下次见面时，你就能跟她有许多共同的话题。像这样的小对话也能够成为建立良好人际关系的契机。

但是，应避免向初次见面的人推荐东西。这很容易引起别人误会，让人认为你多少有点居心不良。即便不是那样，别人应该也有一直以来使用的物品，而你的推荐则有可能会让人感到是对她自己所用之物的否定，从而产生不快的情绪。

当然，别人推荐的东西，有不适合自己的，也有适合自己的。不过，不经推荐而尝试之下的失败概率，与经人推荐而尝试之下的失败概率，其实也相差无几。但重要的是，你通过对别人推荐的东西做出回应，可以建立一个良好的人际关系。

希望作为读者的你，能够把本书推荐给你周围的人。看看是谁最先读完本书并向你做出反馈，这不是很有趣吗？

21

网络是扩大你人脉的有效途径

"你们是怎么认识的？"

"在网上认识的。"

"是跟谁一起去滑雪的？"

"跟网上爱好者协会的朋友。"

"你是在哪里认识你男朋友的？"

"在一个交友网站上。"

这样的聊天内容可能大多数人都非常熟悉。

在互联网刚刚兴起的时候，许多人认为网络关系并不是实际关系而是一种虚拟关系，通过网络结识朋友很危险，且不能仅凭互联网来经营人际关系。然而现在随着互联网的普及，通过网络结识的朋友日益增多，广泛的人际关系也并不单纯地只是同事、邻居或是熟人，还包括在网上认识的大部分朋友。

随着科学技术的发展，现在我们可以通过网络与以前很难见到的人见面，甚至还会在不知道对方长相的情况下仅通过文字来交往。网络上的很多朋友让我们产生亲近感，似乎比多年的朋友还聊得来，比家人更显亲近。

"海内存知己，天涯若比邻"，这句诗是对人们通过神奇的互联网，打破时空界限在五湖四海之内广交天下朋友的真实写照。网络的广泛性、开放性，为我们交友提供了极大的空间。网络的易用性、高效性，又为我们在网上交友提供了很大的方便。你只要发一封电子邮件（或者通过任何一种其他网上交流方式）就能在极短的时间内同别人迅速建立联系，而无论他是近在咫尺，还是远在天涯！

网络的各种聊天工具、论坛、邮箱等，都是我们与别人交流、交友的好去处。在论坛里，你往往能够交到一些有真才实学的朋友。经常到你感兴趣的专题论坛里看看别人的帖子，不仅能够开阔眼界、提高自己的水平，如果你给这些你所仰慕的高手发帖子，表达你渴望结识的心情，他们一般都会非常乐意地提供自己的电子邮件地址等联络方法，同你建立联系的。

在网络上，你很容易就能与其他尚不属于你的人脉网络的人建立联系。网络可以使你有效地寻找潜在合作伙伴、顾客、供货商、专家、新员工、老同事、大学校友以及其他的商业联系人。在网络上你还可以向外界展示自己的资源、优势、爱好和特长以及目的。

需要注意的一点是，网络上的朋友，只是一种泛泛之交的关系。网络让我们可以随时随地实现对话，但不能因此而忽略了人与人的会面，当面沟通和交流的效果，是网络交流无法取代的。

我也有许多通过网络认识的好朋友，甚至有些友情延续了近十年之久。但是，我们在现实中却从来没有见过面。那么对我来说，这些网络上认识的朋友，并不能真正成为我的人脉。把在网上的相遇当作契机，能在现实中见面长久保持联系时，你才能把泛泛之交的关系升级成亲密无间的关系，这些人，才能成为你潜在的人脉资源。

对于网络上这种泛泛之交的关系，在交往时注意保护自己的个人信息和隐私。要想让关系变得更为密切，经常性的对话固然重要，但也不要忘了多留出时间当面交流，经常和网络上的好朋友线下聚会。这样的聚会克服了网上交流的虚拟和随意性，很自然地转变成现实生活中的人际关系，为今后进一步加强交流和认识打下了良好的基础。

Contacts

PART 2

巩固你 20% 的普通朋友

大多数人终其一生，大约会有 200 个朋友，在这些朋友中，大约有 80% 都是泛泛之交，只有 20% 的朋友会给你正面影响，这 20%，其实就是你人脉的中间力量。比起泛泛之交，普通朋友需要你花一定的精力去维护，比如说你的同学、校友、公司的同事、邻居等等，这些在日常生活中和你来往较频繁但是感情又不是那么密切的人，都是你的普通朋友。

　　你通过这些朋友，可以认识到更多的人，从而扩大自己的朋友圈。需要的时候得到他们的帮助。巩固好这 20% 的普通朋友，你就可以清晰地掌握你的人际关系网络，从而更加了解你身边的朋友，更加科学地管理、拓展你的人际网络资源，使其稳定、有序、无限地增长。

01

如何界定普通朋友的关系

"我和她经常交流，但是总觉得和她混得不是很熟。"

"她跟我又不熟，但似乎到哪儿都说认识我。"

"我都做到这份儿上了，看来她不把我当好朋友啊。"

"她算啥啊，装得多了解我似的？"

在我们认识的人中，有一部分比泛泛之交更熟悉，但是又不属于那种亲密无间的朋友。本章中将就处于泛泛之交和亲密无间之间的关系的朋友称为"普通朋友"。

上文提到，并不是所有的人际关系都能非常明确地定义出来。在同一个公司里，有的同事你压根儿不认识，有面熟或只知道名字的，也有私交很好很亲近的同事。朋友也是，有只见过一两次、光知道名字和长相的，有经常见面但是合不来的，也有真正的好朋友。亲戚也是同样的情况。堂兄妹中有比较亲的，也有偶尔在家族活动上才能碰面的。

既不是泛泛之交也不是亲密无间的模糊暧昧的关系，我们统称为普通朋友。这种暧昧模糊的状态决定着双方的关系是退回到泛泛之交还是发展成亲密无间的关系。

如果相互感受的亲密度不同，就会产生我只当她是普通朋友而对方却拿我当好朋友的情况。相反地，我拿她当好朋友而她却不冷不热，我是该走近她呢，还是疏远她呢，这令我很为难。在这种暧昧的关系中，我们彼此受伤或者产生了争吵。我们经常想对于这种暧昧的情况下个结论，这其实是自寻烦恼。

你有多少不能明确定义关系的普通朋友呢？

这种夹在泛泛之交和亲密无间之间的人际关系到底怎样维系才好呢？怎样做才能把普通朋友发展到能帮助你的人脉呢？或直

接将他们归类到泛泛之交中，省掉你的精力和时间是不是更好呢？

在我们的人际关系中，20% 的都是普通朋友，不要小看这 20% 的普通朋友，他们会给你正面影响，是你价值人脉的潜在积累。妥善处理好这 20% 的普通朋友，将他们转化成给你帮助的亲密朋友，那么你的人脉圈就扩大不少。

本章将试着探讨如何看待和维持普通朋友的暧昧关系，并将这些关系进行调整，如果沟通不错，可以往亲密无间的关系发展，反之，那就止于泛泛之交吧。若不想纠结于此，那么继续维持这样的状态也不错。总之，关系的中心是你自己。

02

想和她更亲近一些，
是等待时机还是创造时机？

"上次聚餐时短发黄衣服的女孩是谁？性格真
不错，我想认识她，你能给我介绍吗？"

"上次朋友聚会时见过她一面，但是没说过话，
我要不要上去和她说几句呢？"

"这个女孩真优秀，要是能和她成为朋友就好
了，我该怎么做才能让她对我感兴趣呢？"

有时候我们会遇到一些不错的人，并想与之成为朋友。这种人可能是你工作中碰到的，或者是通过朋友介绍认识的，也有可能是关系疏远的同系同学。这个时候一般是你先主动搭讪。如果觉得聊得来，那么就有可能从泛泛之交过渡到普通的朋友，且有可能往亲密关系上发展。

问题是如何与对方主动搭讪，你们的关系才能够变得亲近呢？尽管你觉得对方人不错，但是你们并不熟，你想请对方吃个饭加深交流，对方没准儿会觉得你很唐突从而拒绝你。而直接说"想和你做好朋友"这类的话，估计直接就把人给吓走了。不用太过刻意营造氛围，让关系自然地亲近起来是最佳选择。如果是一个小团体的交流，比如说她和你认识的人在一起聊天，那么把握住机会参与进去。举个例子，在某个聚会中你遇到了不错的人，想交流又担心找不到什么话题，那么，如果几个人聚成一个小团体聊天，这时候加入进去，你很容易就和这个小团体打成一片。

一开始谈话时，切记不要净说些过于隐私的东西，会给人一种"跟你又不熟干吗老扯些没用的话"的印象，这时候对方就会警惕起来。所以选话题的时候要慎重。有的人问了，不能聊隐私，这种客套的谈话什么时候才能使彼此亲近起来呢？这个真没办法。缘分这东西，强求不来，需要静心等待，顺其自然。

我和 P 小姐关系非常好。实际上，我们第一次见面是七年前，当时我两分属于公司的不同部门，偶尔在卫生间见面最多打个招呼而已。虽然那时的我十分友善地跟她打招呼，但她的反应实在太冷淡，每次都说不了几句话她就匆忙地走了。后来，她从公司辞职了，我觉得很惋惜，P小姐真的是不错的人，如果我们能深入地聊聊，了解彼此，应该能成为关系很好的朋友。我以为今后没什么机会见面了，谁知道就在大约两年前，我到日本的分公司任职，在一次会议中，我居然又遇到了她。原来她也跳槽到了这家公司。这次的重逢让我们都很意外，这次我们围绕着前公司的话题聊了很多。由于这次对话，我们加了彼此的MSN，微博上也相互关注了，个人主页上也添加了好友，我们之间的陌生感逐渐缩小了，在网上经常聊天，也经常约在一起见面喝咖啡，结果两人成了很好的朋友。

我一开始见到P小姐的时候，就想刻意地和她多交流，遗憾的是，我们并没有太多的沟通话题，而过了这么多年再次聚首之时，自然而然地有了深入交流的契机，我们之间有共同的经历和回忆，因此谈论的话题也多了，彼此才觉得更加熟悉。

因此，为了认识他人而付出的努力很重要，但顺其自然的"契机"也非常重要，只有如此让你的努力变得自然，并非刻意为了结交而让对方感到不舒服。遇到越是想亲近的人，越得等待自然偶遇的机会，通过机会自然而然地把关系拉近才是上策。假如没有那样的机会，就把这看作是因为没有缘分的缘故吧。与人为地制造并不存在的缘分相比，珍惜现有的缘分会使你的人生更加充实且丰富。

03

面对讨厌的人，
也不要自告奋勇充当"扫雷兵"

　　"我真的很不喜欢和他一起工作，那个人真的太惹人讨厌了。"

　　"我和她真的是八字不合，下次聚会如果她去就不要叫上我了。"

　　"真想辞职啊，有他在这个部门，我觉得气氛都很差，真觉得忍不下去了。"

讨厌那些泛泛之交，我们刻意直接断绝与他的关系也无所谓，但是如果讨厌某些普通朋友，因为各种原因你还无法和其断了来往，这种情况可真叫人憋屈。比如说公司同部门的同事、领导，朋友也是一样，总会有那种不得不去见面却又讨厌见到的人，如嫉妒心很重的自私的朋友。和我的关系不是很密切，但是又不能因为讨厌而不去理睬他们。

有没有赶走这种人的方法呢？

说实话，方法很简单。虽然不是什么秘诀，那就是埋头干自己的事，不主动去和他们交流，表面上不找碴但在心里厌恶他们。当然也会偶尔和同事们或朋友们骂上几句，但这就是我所做的底线了。不需要制定什么战略。

你还是想问怎么才能赶走这些人吗？答案是"时间"。要么你讨厌的同事比你先离职，要么你不喜欢的朋友比你先退出聚会。这个时候，你可能会想，我的讨厌真的表现得这么明显从而让他们离开公司了吗？他们真的是因为觉察到了我的讨厌才离开聚会的吗？别怀疑，不是因为你的喜恶而导致了这样的结果。

答案也不仅仅是只有时间这么简单。不受欢迎的人，总是因为有各种缺点，你不喜欢的人有可能其他人也不喜欢他。不夹杂私人的原因，大多数人的评判标准都差不多。

一个人被大多数人讨厌，在一个集体中是待不下去的，这种类型的人大部分都有一根筋的冲劲儿，他们只有两种结局，要么飞黄腾达，要么日暮途穷。受到别人的排挤，他们绝对按捺不住，坐火箭似的调职，或者是找其他臭味相投的朋友。

这时候即使你按兵不动，那个人也会被三振出局的，你只管隔岸观火就是了。

不知不觉间，你会发现，你的周围就只剩下你喜欢的人了。

讨厌的人没必要非得你自己亲手送走，时机成熟的话，一定会以某件事为契机让他自动退出的。到那个时候你就会毫无负罪感地和他疏远。我们需要培养的就只是那个等待时机到来的耐心罢了。

04

拒绝的艺术

"拜托你了，我晚上有很重要的约会，你就帮我把这份方案做完吧。"

"最近刚买了车，手头比较紧，你能借我点钱吗？"

"周末我一堆朋友约好打麻将，你也一起来吧。"

在人际交往中，每个人都有收到别人的请求的时候，这些请求，有的是我们不想接受的，或者是我们办不到的，想做个有求必应的好人并不容易，人们的要求永无止境，而有些要求是合理的，有些要求却是悖理的，这时候，就不得不拒绝他人。但是，如果是泛泛之交提出的要求，要拒绝还比较容易，而如果是普通朋友提出的要求，有时候就很不好意思拒绝。

有的女性朋友要说了："我心太软，别人只要一提要求，我就没办法拒绝。"是的，拒绝是很难堪的，有些时候，我们本想拒绝，心里很不乐意，但碍于一时的情面，不好意思说"不"，轻易承诺了自己无法履行的职责。不敢和不善于拒绝别人的人，实际往往得戴着"假面具"生活，活得很累，而又丢失了自我，事后常常后悔不迭；却又因为难于摆脱这种"无力拒绝症"，而自责、自卑。

喜剧大师卓别林曾说：学会说"不"吧！那你的生活将会美好得多。不得已要拒绝的时候，学会拒绝的艺术就很重要了。只要拒绝得当，让别人感受到你对他的尊重、礼貌，就算被你拒绝了，也能欣然接受。

收到请求时，首先不要轻易地拒绝，轻易地拒绝别人，会失去许多帮助别人、获得友谊的机会。你向别人请求时，如果被果断拒绝，你的心里肯定也会不快，认为对方没有人情味，不够朋友等。因此，收到请求时，也应该先思考这份请求是否你力所能及的范围之内的，请求者和你的关系如何，你付出这样的时间和精力去帮助别人是否值得，不要立刻就拒绝，否则会让人觉得你是一个冷漠无情的人，甚至觉得你对他有成见。

对于别人的一些想法和要求，如果你觉得无法办到，那么可以用迂回的方法拒绝。先用肯定的语气表示赞赏，再来表达你的拒绝，这样不会直接伤害对方的感情和积极性，而且使对方容易接受，并为自己留下一条退路。比如说，朋友给你打电话，说周末打麻将三缺一，让你去一起玩。可是你不喜欢打麻将，一起打麻将的朋友中有你不喜欢的人，而且工作太累，你周末想好好地在家里休息。这时候，就可以先肯定，再找借口委婉拒绝，"周末打麻将？一定很好玩，只可惜我周末已经有别的安排了，真抱歉，下次一定一起玩。""这个主意太好了，但是我这周一直加班，实在是太累了，下次我一定会参加的。"如果你实在是碍于情面，也可以当场答应下来，没有必要非得当场表明你的态度，而使得双方比较难堪。可以说："好的，我看看我周末的时间安排，晚上给你答复呀。"对方也会认为你严肃认真地对待他的请求，从而对你稍后做出的选择或行为表示谅解。

有些要求我们不好正面拒绝时，可以采取迂回的战术，比如说转移话题、寻找理由，但一定要注意语气温和而坚持。比如，先向对方表示同情，或给予赞美，然后再提出理由，加以拒绝。在拒绝的时候，除了技巧，其实更需要发自内心的耐性与关怀。若只是敷衍了事，对方其实都看得到。因此一定要注意维护对方的尊严，语言要婉转、态度要和善，最好面带微笑，让对方了解你的真诚、你的善意。

学会拒绝的艺术，你可以减少许多心理上的紧张和压力，让自己在人际交往中占据主动位置。

05

远离消极悲观的人，
亲近积极乐观的人

"唉，和男朋友吵架了，我觉得我们真的不合适，但是都这么多年了，只能这么凑合着过……"

"烦死了，这份工作我真的干不下去了，做什么都不顺心。"

"我真倒霉，做什么都不顺，领导每次分给我的工作都比别人的多。遇到这种上司我真是倒大霉了。"

　　Y 小姐在公司工作了 3 年，但是一直没有得到升职，变得消极悲观，常常觉得自己怀才不遇。每天，她都有许多事情要抱怨，对部门里的工作提案经常泼冷水，却又不提出自己的建议；对公司组织的活动，从不积极参加，还对积极参加的同事冷嘲热讽。渐渐地，公司很多同事都对她敬而远之，因为，跟她相处，听到的是抱怨，实在影响心情。

　　我和 Y 小姐也只是普通的朋友，每次和她聊天时，她的不满就如同连珠炮一样扑面而来，好像全世界都和她作对似的。不是抱怨男朋友，就是抱怨上司，就连中午吃的午饭她都能发一堆牢骚。

　　像 Y 小姐这样的人，在生活中很常见。这类人，眼睛只看到事物糟糕的一面，而不愿看其中所包含的积极的可能性；总是抱怨，吹毛求疵，找别人或事物的缺点，证明人生基本上都是痛苦的，他们对一切都抱有怀疑的态度，害怕做决定，害怕失败，而不愿把握住机会去尝试新的事物；自怨自怜，缺乏自信。他们在生活中老是寻找消极东西的话，就会成为一种难以克服的习惯。这时候，即使出现好机会，这个消极的人也没有信心和勇气去抓住它，等到机会失去了又哀叹抱怨。这类人，注定是失败的。但是他们不会承认他们的失败是自找的，而是把责任推到别人身上，认为现在的境况是别人造成的。他们对事物永远都会找到消极的解释，并且总能为自己找到抱怨的借口，最终得到了消极的结果。接下来，消极的结果又会逆向强化他消极的情绪，从而又使他成为更加消极的思维者。

不要小瞧了身边这种悲观消极的人，他们对你的影响是潜移默化且巨大的。就像是结婚多年的夫妇一样，行为和语言甚至是外貌都逐渐变得很相似。而思维方式的同化是最明显不过的。而跟消极悲观者相处得久了，你也会受其影响。他们消极悲观的情绪会渐渐地吞噬掉你的热情，让你的工作和生活充满障碍，让你变得悲观、焦虑。举个例子来说，你刚进入公司，如果在和某老员工闲聊时，他说："你是斗不过财务部的，每次发奖金就会找各种借口扣下你的钱。"这位老员工就这样通过闲聊把一种消极的态度传递给了新员工。而实际上，是他的业务没有完成，因此财务部没有给他发奖金而已。如果你不明其中的真相，这样的消极对话在公司里传播开来，便会影响其他员工的士气和工作态度，甚至产生对公司的敌对情绪。

和消极悲观的人合作非常困难，他们对生活、工作没有积极向上的精神。史蒂芬·柯维曾说过，心态是世界上最神奇的力量。带着爱、希望和鼓励的积极心态，往往能将人提高到更高的境界；反之带着恨、失望和抱怨的消极心态，则可能毁灭人的一生。和消极的人在一起时间久了，你会发现自己也渐渐充满了腐朽的气味。像这种类型的人，一定要敬而远之。如果他只是你的一般朋友或同事，尽量减少和他们的接触，不给他们对你唠叨抱怨、产生负面影响的机会。

《幸福会传染》一书中提到这样一个观点："和我们直接相关的人（朋友）幸福的话，自己的幸福指数也会提高15个百分点。幸福的扩散不仅止于此。第二层距离的人（朋友的朋友）中幸福蔓延的效果是10%，而第三层距离的人（朋友的朋友的朋友）幸福的蔓延效果也有6%，第四层距离的朋友间，这种效果就几乎消失殆尽。"所以说，要多亲近积极乐观的人，积极乐观的人面对再困难的环境都不会失望，他们对生活总是怀有希望，并富于建设性地思考。他总是说："我能行。让我来试试。"他们乐于思考，勇于行动，这种积极乐观的心态带来了最神奇的力量，让他们在工作和生活中如鱼得水。和这类人交朋友，多吸收他们积极乐观的思想，使自己变得更积极更乐观，你会发现，你的心态渐渐有了良性的变化，对工作和生活都充满了热情。

不要害怕和别人的关系疏远，重要的是，我们要为自己考虑，从而决定同谁亲密、同谁疏远，这样，才能抗拒消极悲观者对你的不良影响。

06

赞美也要技巧，
背后说好话比当面称赞更有效

"小杜这个人挺不错的，人很热心，性格又爽朗，上次她帮了我很大的忙，我还没谢谢她。"

"刘姐是公司的元老了，不但办事情利索，对新员工也很亲切，一点都不摆架子。"

"金主任虽然有些严厉，但是工作能力真是没的说，我们部门要是没有了她，不知道要乱成什么样了。"

　　小金和小琳是同事，平时关系不错，但是有一次却因小事发生误会，很长时间不说话。两个人在一个办公室里，彼此这么相处都感觉很尴尬。虽然大家都想打破这种尴尬，但自尊心作祟，谁都不先开口与对方说话。

　　有一天，小琳不在，小金在办公室与同事闲聊时，对别的同事随意说了几句小琳的好话："小琳虽然性格有点直，但是人真的不错，开朗又正直，以前我们很谈得来，她对我的帮助挺大的。"这几句话很快就传到了小琳的耳朵里，她心里不由得有些欣慰和歉疚。于是，小琳找了一个适当的机会，她主动向小金打招呼、嘘寒问暖，两人就这样又和好了。

　　当面说人好话，背后讲人坏话，这是很多人的一种做法。对一个人有看法，当面说，别人容易生气，下不来台，弄不好会吵架动粗；但是不说又觉得太压抑了，只好在背后唠叨。而想恭维别人时，当面甜言蜜语，让人听着舒服就可以了；至于背后说人好话，总觉得说了也白说，没什么意义，所以不乐意说。但实际上，你在背后说的坏话，听者多半是会转达的，这样你当面一套背后一套的做法，就很容易被大家知道了。而你在人前说的好话，别人觉得你的恭维有所企图，也不一定会领情。

　　因此，在别人背后说好话才是人际交往中比较高的一种境界。对你的人缘会有一种意想不到的影响。我们在和他人聊天时常听到的一句话就是："我告诉你一个秘密，你可不能再告诉别人！"然而，隐藏不住秘密是一般人的常情，而秘密终究会传到当事者的耳朵。如果这个"秘密"是关于诋毁个人的名誉时，其影响力之大、后果之严重就不用说了。而如果以"我告诉你一个秘密，你可不能告诉别人"的方式来间接表达赞美之词，利用这种人性弱点，将称赞之词传出去，是恭维别人、尊崇他人的良好方法。背后的称赞比当面的赞美，更能获得他人的欢心。因为人们会觉得背后的评价更能体现那个人内心的真实想法。因此，当他知道一个人在背后赞美自己的时候，他也会感觉你真的是这样想的，他的自尊心、自信心将得到极大的满足，从而从心底里对你感到亲切，缩小了你们的心理差距。如此一来，你们沟通交流起来，会有事半功倍的效果。不知不觉间，你就拥有了一个良好的人缘。不要担心你在别人面前说另一个人好话，那些好话当事人听不到，这个世界没有不透风的墙，就算赞美传不到他本人耳朵里，别人也会因为你在背后夸奖人而更加敬重你。

德国历史上的"铁血宰相"俾斯麦为了拉拢一位敌视他的议员，有计划地在别人面前说那位议员的好话。俾斯麦知道，他的这些好话，一定会通过他人传到那位议员耳朵里。果不其然，那位议员听到这些话后，渐渐地对俾斯麦有了好感，不再和他作对，两人成了无话不说的朋友。人往往喜欢听好听的话，但是如果当面讲好话，很容易被误认为是奉承的话，让人感到很虚假，疑心对方是否出于真心。然而，如果好话是通过第三方传到你的耳朵里，你就会很开心。在背后说别人好话时，会被人认为是发自内心、不带私人动机的，从而能增强对说话者的好感，消除对说话者的不满。

为什么间接听来的便会觉得特别悦耳动听呢？那是因为你坚信对方在真心地赞美你。在现实中，我们往往会看到这样的现象：当父母整天当面教训孩子，希望他们能努力读书，但是却很难获得一些效果。但是，假如孩子从别人嘴里知道父母对自己的期望和关心，以及父母在自己身上倾注了很多心血时，便会产生极大的动力，不用督促，他们也会很努力地学习。又如，在工作中，如果你当着领导和同事的面说领导的好话，不仅效果不好，甚至还会起到反效果。同事们很可能会说你是在讨好领导，拍领导的马屁，从而容易招致周围同事的轻蔑。同时，领导脸上可能也挂不住，会说你不真诚。如果你在领导不在场时，比如说与同事们午休闲谈时，顺便说了上司的几句好话："咱们的上司很不错，办事公正，能为这样的人做事，真是一种幸运。"这几句话传到上司耳朵里，不让上司心里感到欣慰和感激才怪呢！你在领导眼中的形象也会好许多。而做领导的人，就算再想鼓励某个下属，当着他的面说了很多勉励的话，下属也不会有多大的感触，但当有一天从第三者的口中听到了上司对自己的赞赏"×× 工作能力很强，很有责任心，工作交给他做我很放心"后，他肯定会深受感动，从此更加努力工作，以报答上司对自己的"知遇"之恩。

想要增进你的好人缘，不要在背后说别人的坏话，而多在第三者面前去说一个人的好话吧，你会发现，你的人际关系变得更加融洽，你的工作和生活也会因此变得轻松愉悦。

07

像对待晚辈一样对待长辈，
像对待长辈一样对待晚辈

"我不喜欢和长辈交往，他们说话总让我没办法反驳。"

"我不喜欢和小辈一起玩，每次都觉得和他们有代沟。"

"和同龄人在一起比较自由，不会感觉拘束，大家有很多共同的话题。"

在外国，初次见面就问年龄是一件不礼貌的事情，而在我们国家，互问年龄其实是一种礼仪，只有大概清楚对方的年龄，才能确定以怎样的姿态跟对方交流。和西方人不同，我们在对待长辈、晚辈以及同龄人，各自有着不同的礼仪，因此待人接物的礼节和态度也因年龄而异。对长辈更加尊重、带有敬意地交往，对晚辈则应该亲切和关爱地对待，而同龄人以礼相待但又不失热情。因此，在人际交往前，人们已经自然而然地形成了这种习惯，在互相知道年龄之前，就会推测对方的年龄比自己大还是小。

有些人跟长辈很合得来，跟年龄小的人却很难相处；而有些人却恰恰相反，和晚辈能融洽地相处，在长辈面前就很拘谨；还有一些人，只和年纪相仿的人相处。实际上，想拓宽你的人际关系，不要太过于局限在只和某一类人交朋友。现在很多年轻人难以取得更大发展的原因是他们交际圈太狭窄，代沟、辈分、级别被人为地放大了，他们小心谨慎，害怕出错，缺乏主动弥合差距的勇气。其实，在交友时要拓宽视野，年长者总是因为他们的丰富阅历而能指引你跳出狭隘的生活领域、能给你更多的支持和帮助。和长辈交朋友，你会发现他们大都很坦诚睿智，说起话来开门见山，你有错，他们会结合自己丰富的经验，一针见血地给你指出问题；你有困难，他们是最有可能伸出援手的。年轻人应该扩大交际圈，可与单位的前辈甚至领导交朋友，与其他行业的前辈交朋友，这样可以赢得更多职场建议和发展空间，可以学到更多人生经验，拓宽视野，少走弯路。和晚辈的人际关系也不要忽略，晚辈一般都富有朝气、精力充沛、思想活跃、开拓进取、时尚前卫，他们总是有很多新奇的想法，敢于尝试新鲜事物，与年轻人交朋友，好像在沉闷的屋子里打开了一扇窗户，也会让阳光和新鲜空气进入室内，让你的心理状态重新活跃起来。

那么如何与前辈或者晚辈顺利地交朋友呢？这个问题其实很好解决，那就是转换一下对待长辈和对待晚辈的态度。即，带着关爱的态度来对待长辈，而以尊敬的眼光来看待晚辈。一般来说，人们都觉得长辈值得尊敬，对年长的人，我们常说"果然，姜还是老的辣，您懂得真多，值得我们尊敬"。而对于晚辈，应该去关爱，夸奖他们时我们常说："某某，你比实际年龄看起来成熟，做事情很稳重，工作干得不错。"这种观念并没有错，但是尝试一下转换观念吧，你会发现，效果出奇的好。

从现在开始，反过来试试。公司里的晚辈工作做得好时，对她说："某某，你懂得真多，居然能连这都懂，太佩服你了。"相反，长辈干得不错的时候，对她说："部长真是远见卓识，眼光比起年轻人敏锐多了。"转换对待长辈和晚辈的方式，给她出乎意料的称赞。换位思考一下，在听者看来，晚辈会觉得"啊，她很尊重我呀"，而长辈则会认为"她在为我着想呢"。这样一来，听者就会对你心生感激、另眼相看。

　　像对待上司那样给予下属尊重，像对待下属那样堂堂正正地同上司对话。当然，跟上司堂堂正正地对话并不意味着可以随心所欲，也不是要彻底改变对待上级和下属的态度，而仅仅是思想上的稍稍转变。小小的一个转变，就能让长辈在不知不觉中感觉到关怀，让晚辈感到受重视。得人心者得天下，你学会了和不同年龄阶段的人交朋友，你的人脉会越来越广。

08

认真倾听是读懂人心的捷径

"我认为这件事情就应该这么做，你别说了，就这么决定了。"

"你听我说，按我说的去做准没错。意见越多越乱。"

"不是我不听你的，只不过这个项目我觉得我的这个策划案更好。"

表达是人际交往中的精髓，在文明礼貌的基础上用表达使双方和谐地交流，这样的表达是成功的，可以让双方的情感得到沟通。大多数人都了解表达的重要性，却常常忽略了倾听。上帝给了我们两只耳朵和一张嘴，就是为了让我们多听少说。倾听，同样也是人际交往中一项重要的能力，甚至较之表达更为重要，它能创建一种积极、双赢的效果。

在与他人交谈时，很多人都喜欢争着表达，总是不停地讲话，生怕别人不了解他丰富的想法，而这对他人是非常不礼貌的。倾听他人讲话的同时思考自己的想法和将要表达的言辞，不断梳理自己的认识和思路，并在适当的时机表达自己的看法和意见，这样既显示出尊重他人的礼貌和礼节，又会给他人留下良好的印象。因此，善于倾听他人意见的人，不急于争辩和表达，而是感同身受对方的情感，设身处地看待事物，所以他们的人际关系往往很理想。

倾听，其实是对他人的尊重和赞美，表示你重视他的谈话内容，这样你们之间会产生一种良性的沟通氛围。但是倾听绝不等于始终沉默，始终沉默也是对对方的一种冷落。倾听对方谈话的同时，恰当、得体地使用肢体语言做出得体的反应，比如说点头、微笑、注视他人的眼睛，这些肢体语言不但表现出对他人的尊重，同时也能刺激对方更全面地表达自己的需求和谈话重点。在倾听时，你也可以学会插话。这里说的插话，不是轻易地、武断地打断对方的讲话，如在对方讲话当中你突然讲"请让我插一句……"、"我不这样认为"、"打断一下……"，会使对方感到被轻视或会引起其他不愉快的事件。插话要礼貌地在不违反对方意愿的情况下提出话题。听别人说话时，眼睛要看着对方，聚精会神地听清楚听明白。在别人还没讲完时，不要着急地发表自己的看法。听完以后再想一想，他说的或问的是什么，如果自己没有听清楚，可以再问一问。当自己不满意对方讲的话时，也不必急躁，认真听完，再找机会讲出自己的见解。

认真倾听他人的谈话是搞好人际关系的重要手段之一。懂得如何倾听的人最有可能做对事情、取悦上司、赢得友谊，并且把握别人错过的机会。假如你注意听上司要求你做的事，就增加了做对的机会，而且不必再重做；如果你注意听别人给你的建议，就会少走很多弯路；如果你注意倾听顾客真正的需求，就可以避免浪费时间、金钱在他们不要以及不会买的东西上；如果你注意倾听朋友的话，你就可以进一步了解他的心情、个性与爱好。

有的人说："当我听到他人说到某件事时我的情绪会变得非常激动，这时候就很难听得进去别人的话，非要一吐为快；或者有时我只是在假装听别人说话，而实际上在想其他的事情，因为对方说的话都只是在发牢骚。"在非讨论性的交谈中，不必与人争辩。每个人对事物都会存在自己的理解和看法，这是正常的，站在他人的角度上去想想，你就能多些了解和宽容。而对于牢骚，其实你需要做的只是洗耳恭听而已。不要皱眉，也不要反驳，你只需要认真地听，偶尔说上一句："哦，这样啊……"十有八九，对你发牢骚的人会在一吐为快之后心满意足，问题其实就解决了，你们之间的关系，就在这种和谐的氛围中建立起来了。

09

附和、肯定，还要不断提出问题

对话一：

"昨天雨下得好大啊。"

"我觉得还好啦，上周的那场雨也下得不小啊。"

"是吗？我觉得昨天好像下得更大。"

"才不是呢，我记得上周的雨更大，那天堵车还很严重呢。"

对话二：

"昨天雨下得好大啊。"

"对啊，我也吃了一惊，上周不刚刚下了一场大雨嘛，最近雨真多。不知道为什么，下雨的时候总想吃点热乎乎的东西。比如说街角那家甜品店的珍珠奶茶。"

"我也是啊，那家小店总是很温暖，在这种湿冷的雨天一边喝奶茶一边听音乐。那感觉真是太好了。"

"那一会儿下班一起去吧？"

我们和亲密的好友几乎无话不谈，和那些泛泛之交也能游刃有余地客套寒暄，但是和普通朋友，就难进行自然的谈话。有时候会觉得聊着聊着，就发现没有话题冷场了，双方都有些尴尬。那么，如何才能找到话题和朋友畅谈呢？下面就来介绍几种方法。

比较一下前面的两段对话，你发现有什么不同了吗？没错，就是肯定对方的话语。

从这两段对话中可以看出来，以肯定对方话语和否定对方话语开始的对话之间存在着差异。第一段对话，否定，让谈话戛然而止，几乎不可能进行下去。第二段对话，肯定与认同，让本来像是寒暄一样的对话，有了更加亲密的味道，最后两个人很有可能一起去喝奶茶，关系就在这样良好的谈话气氛中建立起来了。

就算你对对方的话有质疑，也要先肯定对方，让话题能延续下去，然后再发表你的看法，这样对方就很容易接受了。争执，无疑是对你们原本就不牢固的关系的一种破坏。

和普通朋友愉快交流的第二个法宝就是回问。回问的方法有三种，回问话的后面部分、回问关键词、概括回问。从以下对话中仔细体会一下吧。

"昨天去了江南区，人多得都不知道去哪儿玩。后来就去了电影院看电影。没想到电影院也是人山人海，只能买了晚上8点的电影票。看完电影回到家都12点了。"

像这样的谈话可以用以上三种方法进行回问。首先，回问话的后面部分。

"半夜 12 点才回到家？"

那么对方就会回答："是啊，因为买不到比较早的电影票，没办法。看电影之前去烤肉店吃烤肉，没想到也好多人，等了很久才有座。"

说到这里，我们就来看看第二种方法，回问关键词。

"去吃烤肉啦？挺好的，江南区那儿有好多不错的烤肉店。"

对方回答："嗯，是啊，虽然等座位等了很久，但是那家烤肉店味道真的不错。推荐你下次一定要去。"

那么我们用概述回问法来陈述一下。

"真羡慕呀，你们昨天去江南玩了，吃了烤肉，还看了电影？真羡慕啊，肯定度过了一个非常愉快的夜晚。"

当然，回问要问得有技巧，但是不能大量使用，当不知道要说什么好的时候，仔细倾听对方所说的，然后再按照这些方法回问，以对方为话题，认真地提出你的问题。开了头之后，就要渐渐地在谈话中去寻找共同点，制造话题，用心去发现对方有什么样的兴趣爱好。

拿刚才的对话举例子，很容易就能找到很多的话题，比如说看电影，喜欢看什么类型的电影？动作片还是爱情片？文艺片还是商业片？喜欢哪个电影明星，汤姆·克鲁斯还是梅格·瑞恩？最近有什么有意思的电影？再比如说江南区有什么好玩的地方、比较好吃的餐馆，喜欢吃什么类型的菜，甚至是江南区的房价等等，只要用心去寻找共同话题，让谈话顺利进行，让你们能够坦诚相对、互相了解，那么你们就能谈得投机，相见欢愉。

　　如果你觉得自己找不到共同话题，那是由于有两种情况。第一种情况，你没有用心去听、去寻找。生活在同一个时代、同一个国家，用心去找，怎么可能没有共同话题呢。第二种情况，就是对对方所有的一切都一无所知。这时候，你就应该想想为什么了，是不是自己的知识面太窄了？自己了解得太少了？该怎么去充实自己？

10

即使没有收到邀请，
　　　也要准备好礼物

"你要去参加善英的婚礼吗？"

"什么？你说善英要结婚？"

"你不知道吗？昨天她给我发的请帖，周六在世纪饭店举行婚礼。会不会是你的请帖还没到？再等等，可能这两天就会收到了。不然你和我们一起去好了，小美也去呢。"

　　这时，气氛骤然变冷，你顿时陷入了尴尬中。虽然现在和善英联系少了，关系也不那么密切了，但是大学的时候你们可是很合得来的朋友。毕业之后彼此忙于工作，确实很少联系了，她的婚礼，去不去都无所谓，可是别的同学她都请了，就是没有联系你，你的心里会不会觉得很不舒服？真的是请帖还没到吗？还是她根本没有邀请自己呢？那么这个时候究竟该怎么办？这种情况下，答案已经出来了：收到请帖就去，没有收到的话，就算是朋友鼓动也不要去。如果结婚的人和你的关系不错，有可能是忘记给你发请帖或者别的原因，别人的失误不用太过计较，精心准备一份小礼物，委托参加婚礼的朋友送去，礼物不用太贵，能体现你的心意即可。你的祝福，就算是你们之间有什么误会，也会化解。

　　类似于这样的情况还有很多。比如，公司同事中有两个关系不错的女同事，平时工作中相处得还算融洽，但是私下很少有交往。她们这个月过生日时要办个Party，但是没有邀请你，你会不会把这事放在心上呢？她们不请你，有可能是觉得关系并不是太密切，也可能是觉得不想让你破费送礼物，那么，没关系，首先要尊重人家的决定，放宽心，不用过度为这些事纠结，在朋友生日的时候送上句祝福或者贺卡，或是一朵花、一块巧克力，这些细节都不用太大的花费，却能表示你将她们放在心里，朋友会因此而惊喜不已。

因为礼物的价值和金钱毫不相干，关键在于你是抱着什么样的情感、在什么时机把这些小礼物送给对方。这些小礼物是你用心选来的，就一定会带给收礼方无尽的快乐，带给对方感动。但是，有一点千万要记住，不管是婚礼也好，聚会也好，如果你没有收到邀请，最好不要唐突地去参加，以免对方因为你的到来打乱了原来的座位安排或者其他的计划。为了表示你的礼貌而给对方送礼物，也不能赠送太过昂贵的礼物，否则，受礼者会为没能邀请你却收到昂贵的礼物而感到心里不安，觉得你是刻意让他们感到尴尬而为之，或者觉得你另有企图。所谓"礼轻情意重"，用在这里就非常合适了。

每个人都有自己的圈子，人活在社会与形形色色的人相处，适应于不同的环境，久而久之便有了各自的圈子，生活圈，工作圈，朋友圈……人们在自己生活的圈子里，把认识的朋友划分到了各个圈子中，根据需求而决定是否联系。不要为朋友的邀请或不邀请而伤心或愤怒，没有必要追问别人为什么不邀请你，也没有必要因此而感觉受伤，更不需要觉得受冷落而郁闷。或许他们邀请的是自己某一个圈子里的朋友，而你属于不同的圈子，下一次的邀请，或许就有你了。

11

男人面前行得通的故作姿态，在女人面前也适用？

"抱歉啊，这个箱子我搬不动，我力气比较小。"

"我不能喝酒，喝一点点就醉。"

"人家不喜欢吃这种口味的蛋糕啦。"

在和男人交往的时候，女性从来都是比较占优势的，在男人面前，女性只要适当使用故作姿态，表现出柔弱的一面，很容易就能得到男人的好感和帮助。

在女性朋友中，故作姿态是最不受欢迎的。这一点正是与女性交往和与男性交往的最大不同点。女人十有八九会讨厌装柔弱的人。但是，我们总会遇到这样的朋友，大家都不想和这种人来往，更有甚者，还会暗中排斥她。

比如说，大家计划一起去旅行，要各自分派任务的时候，有些人就找各种借口，挑其中最轻的活干。

"我昨天切菜不小心切到手了，不能提重物，你们去买吃的吧。"

"外面太热了，我怕晒，我在这儿等你们吧。"

大家都是女人，你是故作姿态装柔弱，还是真的身体不适而无法干活，大家都心知肚明。为了面子没有当场揭穿罢了，但是这样的人，很难得到他人的好感。下次活动的时候，大家就不会再叫上她了。

大家要一起去喝酒，玩得很开心，可是偏偏就有说"我不能喝"的人破坏气氛。而事实上，她的酒量很好。如果真的是身体原因不能喝酒，其实也没有必要一口不喝让大家失望，破坏掉这种快乐的气氛，轮到你喝酒的时候，和朋友们解释清楚自己身体的不适，然后用喝可乐或者汽水来代替，真正的朋友，都会理解你，不会因为这点小事而责怪或疏远你的。和女性交朋友，坦诚比故作姿态更有效。

在朋友们聚会的时候，多用点心，比如提前定好地点，或者是照顾有特殊饮食习惯的朋友，或者是在吃完了要去下一个地点的时候，提前打听好位置；如果有不方便的座位，自己先去坐下。在女性朋友之间，这种有"眼力见儿"的朋友，是最有人缘和受到大家尊重的。这样的人就像是一个小团体的核心，每次都少不了。

千万不要在同性的朋友面前故作姿态装柔弱，哪怕只有一次，也会给大家带来不愉快的感觉，毁掉你在同性中的人缘。

12

不知情的人妄作评论时，
忍耐比辩解明智

"你听说了吗？财务部的小刘，和楼下地产公司的经理谈恋爱。"

"主任刚才说我们公司要裁员了，好担心啊。不过你就不用担心了，你和经理的关系这么好，裁谁也肯定不会裁你。"

"小周最喜欢在背后说人坏话了，上次她就说我穿衣服没品位，真讨厌。"

　　人生在世，难免会卷入莫名的虚假传闻里。明明还是单身，却传出和某人约会的传闻；明明没有诟骂过别人，有人却误会我说她坏话；明明和某人的关系并不密切，却有人在传我与他有不正当的关系。

　　每当这种时候，我们委屈、伤心，甚至愤怒不已，往往会急于辟谣，向周围的每个人说明一切。但是，改变别人的看法与想法何其之难！即使向每个人解释了一切，也很难保证能改变他们的想法。

　　因为生长背景和生存环境的不同，必然锻造出人们不同的认知方式和对问题的不同看法，就像戴不同的眼镜会看到不同的世界一样，同样是你，他人对你的了解却千差万别。有的人认为你开朗大方，另一些人却认为你古板内向。你可以说这是他们的问题，但是你也不能否认这里包含你的问题：让别人真正了解你，减少甚至消灭不必要的误会，是每个人印象管理中的重要课题。小 R 被评为公司的年度最优秀员工，奖金丰厚并且透明，她欢天喜地、喜不自禁，美滋滋地宣布要自掏腰包请全部门的同事一起吃饭喝酒。当天晚上，小 R 挑了一家非常高档的餐厅和酒吧，同事们都玩疯了，小 R 以为所有的同事都非常开心，并且应该多少对她心存感激。可是不料，事隔一个星期，竟然传出这样的风凉话："哦，小 R 真够嘚瑟的，得了点儿奖金就大肆宣扬，一定要让全天下的人都知道她是优秀员工！"
一时间小 R 难以接受，不知道是哪个同事对她有如此之深的误
解，得奖的好心情烟消云散，她只感到郁闷和不解。她会想："了
解我的人肯定不会这么想的啊……"说对了！若是了解你的人，
肯定不会产生如此误会。正是因为不了解你才会这样。可是这
又不是你所能掌控的。一般来说，关系亲密的朋友，不会误解
你的初衷，能准确地理解你，知道你是一个什么样的人。而那
些对你不了解的普通朋友，你总是高估了他们对你的认知能力，
想当然地认为对方能够理解自己的性格和处境，理应做出恰当
的反应，这样的时候其实最容易产生误解。

　　这时候，最好的办法就是不要去理会那个误会，不要为了那
个误会到处去澄清，否则事情会越描越黑，任凭你怎样解释、怎
样去做，别人还是会误会，甚至还让别人有机会去说你解释其实
是想掩饰，对消除你的误会一点帮助也没有。在这种情况下，你
要自然一点，做回你自己，不要刻意去改变任何事情，只需跟平
时一样就可以了。误会你的人，或者是对你造谣的人，其实只是
好奇、八卦而已，他们这样说你只不过是想看看你的反应，你越
没有反应，他们越会觉得没劲，时间久了，事情变淡了之后，不
再新鲜，他们就会说别的事情了。所谓哪个人前不说人，谁人背
后无人说呢？不要理会那些人那么多，否则你就会失去自由，无

所适从了。不要受那些人的影响，清者自清，让时间证明事实的真相。

著名演员汤姆·汉克斯在他的微博上说："我是一名演员，出演了某部电影。有人喜欢我，也有人讨厌我……"

这位在全世界拥有诸多疯狂粉丝的超级明星，都能清楚地意识到世界这么大，有人喜欢自己，也会有人讨厌自己，追究和计较，只会给自己徒添烦恼。而平凡的我们又何尝不是如此呢？有人喜欢我，就会有人讨厌我或是对我毫不关心。人生中的挚友不多，坦然地接受其他人不了解你这一事实吧。不要因为别人的误会而伤心，因为，那只不过是一个不了解你的人。

可能有的人会说："面对谣言和误会，如果不解释的话，我心里真的很委屈。而且，这种不理会的态度，会不会太消极了？"佛家有句名言："若不能忍受侮辱、恶骂、毁谤、讥评，如饮水甘露者，不能名为有力大人。"在他人的侮辱、恶骂、毁谤、讥评面前，忍耐不是消极，不是停顿，更不是退让；而是力量，是承担；是前进，是负责。一个能够忍受误解，不为自己辩解的人，必定是虚怀若谷、胸襟宽广的人，他不会对他人的过失斤斤计较，不会对他人加诸己身的一切烦恼、侮辱产生怨恨、报复，而能始终谦逊谨慎，常善待他人。这样的人令人尊敬，也让人爱戴。

人际交往中，争不能止争，仇不能息仇，你愤怒不已地向众人解释，只能使事情激化，导致更大的仇怨。反之，忍之、耐之，以不争息争，就能很好地缓解人际关系的矛盾和紧张，进而促进问题的顺利解决。

13

不要在背后对他人评头论足

"你注意观察新来的销售主管了吗？她用什么牌子的口红啊？颜色不适合她，还有她的香水，味道真怪。"

"财务部的张小姐这次是不是肉毒杆菌注射得太多了？脸绷得那么紧。好像鼻子也整了，不整还比较好。"

"昨天见面的那个男生个子有点矮，学历也一般。还有，上周见面的那个男生太瘦了，看看那两条小细腿哟。唉，反正没有一个合心意的。"

对他人评头论足，是很多女人的通病。特别当和自己比较熟悉的人聊天时，总是以第三者为谈资。对普通的个人来说，对他人评头论足能满足我们被关注的心理需要，同时能获取友谊、满足亲密交往的需要。一个喜欢对他人评头论足的人往往能吸引很多的听众，使自己成为众人关注的焦点，感觉到自己被注意、被尊重，也有机会对生活中不愉快的体验做一下补偿。同时，在说者与听者分享别人的秘密时，两者的关系得以促进、友谊得以增长。但是，仔细观察就会发现，这类型的人往往看似有很多的朋友，因为他们不乏听众，其实，对他人评头论足是人性的一部分，每个人或多或少都有一点，只不过普通人的人格中还包含着社会化与良心的成分，可能会在心里怀疑，但是不会直接做出过分伤人的行为，或说出伤人的话。

尽管听众不少，但是喜欢对他人评头论足者很难找到真正的朋友。这样的人，喜欢暴露别人的秘密或私生活。许多人听完天花乱坠的闲话后，会生怕自己也成为此人所咀嚼的"猛料"，从而对其退避三舍。

"六度分隔"理论认为，人与人之间的距离，最远不超过六个人，即使一个在你看来绝无可能与你建立起关系的陌生人，你们之间的距离，也绝不超过六个人。世界上没有不透风的墙，所以你对他人的评价，都有可能传到当事人的耳朵里，这对人际关系是极大的破坏。

很多人觉得，和关系比较好的朋友评价一下别人，或者说他人的坏话没有关系，但事实绝非如此。我们假设前面的几段对话，A 对 B 评价了财务部的张小姐，B 刚来公司，和张小姐并不熟悉，从 A 的口中第一次听到关于张小姐的描述，这时 A 的观点就显得十分重要，因为她说的任何关于张小姐的话，在 B 那里都会被放大。她肯定认为张小姐是个整容狂，身上没有一个零件是"纯天然"的了。而且这种负面的第一印象往往很难消除，这些描述会长久存在于 A 的感觉里，造成她对张小姐持久的偏见。如果事后 B 发现 A 对张小姐的负面描述不那么准确（这是必然的），会认为 A 故意诋毁张小姐，不诚实。而一旦张小姐听到了 A 对她的评价，那么 A 在公司里的人际关系就可想而知了。

其实，对他人评头论足是人际关系的"毒瘤"，千万不要成为这样的人，而如果你有这种类型的朋友，最好的办法就是不要去附和或参与讨论，这种人如果没有听众来强化他们的行为，自然也会失去搬弄是非的劲头。谣言止于智者，这话值得大家牢记。

14

和漂亮的女人成为朋友

"她长得太漂亮了，估计性格不怎么好。"

"每次和她走在一起，我都觉得我就像绿叶，存在只是为了衬托她的美貌。"

"长得漂亮的女人脑子都不好。和她们在一起我也会变笨的。"

前几年有部电影很受欢迎——《律政俏佳人》，这是一部颠覆了"美女无脑"这种世人偏见的电影。过去人们总觉得漂亮的女人不聪明，实际上这种偏见早就应该淘汰，仔细观察那些人缘很好又聪明的女孩，有没有发现，她们都长得很漂亮？

美女因为优秀的外表资质，让她们成为天赋优秀的那拨人，只要她们不是太笨太懒，一般也不会混得太差。

好了，现在，请你回忆一下你的女性朋友中，是否有长得很漂亮的人？或者是你学生时代，是不是喜欢和美女做朋友？

一般来说，长相不是很出色的女人，只有两种类型：能平和地与美女成为好朋友的女人；避开美女交往朋友的女人。

虽然女人们不会像男人们那样对初次见面的女人的外貌很敏感，但它也会给第一印象带来一定的影响。女人们具有微妙的双重心理，既喜欢美好的事物，却又常常对漂亮的女人持有偏见，认为她们性格不好或是没头脑。所以在初次见面时，若对方是美女，女人们就会本能地开始寻找对方的缺点，然后从她们的行为举动中，揪出她们的缺点说："你瞧她……"从而断定对方不是一个值得交往的人。

能平和地与美女成为好朋友的女人，可能会遇到这种尴尬的情况，每次一起出门时，众人的视线集中在美女身上，就算有人来搭讪，也是只和美女说话，无意中却把旁边长相平平的你忽略了？尽管你的这个美女朋友人非常好，你也很喜欢她，两人的关系也非常不错……你还是觉得有些失落，但这些失落并不影响你们的友谊。

另外一类回避和美女成为朋友的女性，有的是对自己缺乏自信，认为美女不会愿意和自己交往，或者害怕和美女成为朋友后自己会受伤，所以对美女敬而远之。

不过，仔细观察这两类女性，特别是她们成年后，我们会发现，与美女毫无隔阂交往的人，能在不知不觉之间学到如何让自己受欢迎、如何展现自我魅力的技巧。因为美女的周围总是不乏爱慕者，很多情况下，都是身边的好朋友帮忙来打发的，因此她们与人交往机会增多，还能学到如何与各种类型的人巧妙沟通的技巧。而且，她们习惯了受到冷落和伤害，渐渐拥有了一笑置之的坚强，那种平和的心态是非常难能可贵的。而且，总是和美好的东西在一起，自己也会变得漂亮，美女白皙细腻的皮肤、精致的妆容、时尚洋气的发型、衣服的搭配方式等等，这些都值得她们去学习借鉴，从美女身上得到变美的启示对自己也很有帮助，渐渐地，她们就会觉得自己也变美了，不会再觉得自卑了。

而那些不愿意和美女成为朋友、总回避美女的人，她们的性格日益变得偏激，嫉妒心极强，对那些比她们好看、比她们聪明、比她们家境好的人都敬而远之，相反对于外貌或条件不如自己的朋友则会很亲切，因为她们不自觉地有一种优越感。所以，她们的交往圈子越来越窄，人际关系也容易变得更差。就算远离美女，她们也没有得到他人的青睐。

其实，与漂亮的女人也能分享真正的友谊，你能学到更多的东西。和她们在一起，调整自己的不足，没准儿有一天，你也会拥有压倒众人的华丽气势。

15

抛弃嫉妒心，
和成功的人成为朋友

　　"你看她，又换了一套名牌衣服，有几个钱就
嘚瑟。"

　　"真讨厌啊，每次给她送礼物都让我发愁，她
什么都不缺，送什么都显得我寒碜。"

　　"每次都是她来请客，真让我不爽。可是我要
付款她就是不愿意。"

对于交朋友来说，光心意相通是不够的，实际操作上会受很多变数的影响。这其中决不能忽视的就是"经济实力"。有许多人明明很喜欢钱，但却好像不能与有钱的、成功的朋友友好相处。

但是，有经济能力的朋友，在很多时候，都能给你最实际有效的帮助，你会得到更多成功的机会。如果因为经济上与对方的差距，而刻意与对方疏远，是最愚蠢的做法。

在选择朋友的时候，首先吸引你的，是对方的人品和个性，是抛开金钱这些身外之物而下的判断。不要总是在心里觉得人家有钱、成功，自己不如他们，就不能和他们做朋友。其实，你就是你，你有自己的个性，既然是做朋友，就把重点放在联络感情上，而不是去攀比钱财和地位上，让对方顺其自然认为你是率真自然的，才会很友好地对待你。

在和成功人士交往时，有几个值得我们注意的地方，首先，千万不要自卑。人是生而平等的，太过卑怯反而令人感到不自在，使对方产生戒心。若是把"我们这种穷人哪能和您比"、"你是有钱人啊"时常挂在嘴边，不仅令人厌恶，也易引起反感和不舒服的感觉。其次，不要阿谀谄媚，既然成为朋友，就证明你们之间是平等的，有吸引彼此、相互欣赏的特质，喋喋不休地赞美、奉承，只会让对方对你的印象大打折扣。第三，不要和他们谈钱，往往有钱人对于钱的事最敏感了，若是一直在他身边谈论钱的事情，不仅容易对你起戒心，也很容易怀疑你，害怕你对他是否图谋不轨，彼此之间的距离也就产生了。

在和成功人士谈话时，你还需要注意几个细节。在和对方谈话中，避免啰唆个不停，什么鸡毛蒜皮的小事都说。应该多选择一些对方专业领域里的话题，抑或是对方极有兴趣却不了解的话题。在谈话中，不要老说"我，我自己，我的"，而用另一个词"您"来代替；当你与人谈话时，请谈论对方，并且引导对方谈论他们自己。这样的谈话方式，可以使别人意识到自身的重要性，你越使别人觉得他自己重要，别人对你的回报就越多，你就会成为一名最受欢迎的谈话伙伴，只要你们有了一次愉快的交流，你们之间的关系就会更加密切。

16

不要把同事变成你的知心朋友

　　"是我的朋友，就该替我考虑考虑。"

　　"这么多年我是怎么努力的，他不是没有看见。凭什么不给我加薪？"

　　"这是我最大的愿望，他知道的，为什么还不让我做这个项目？"

　　"不就当了个小经理嘛，还真是飞上枝头做凤凰了，一点情面都不给。"

无论上班多累，哪怕只有一个懂我的人，都可以在这个公司坚持下去。在公司里交到一个好朋友，对女人来说，其重要性不亚于在这个公司是否有适合自己发展的空间。

女人大部分友情是在学校里开始的。女生有很多独特的交往方式，比如说，常见的有"去厕所吗，一起去吧"。可以说，分享排泄的欲望也算得上是女人们的"友情"文化，一起上厕所、一起吃饭、一起牵手逛街，女人们的友情渐渐根深蒂固。而从学校毕业，进入社会工作后，这种友情的构建方式就不再适合了。然而，在这个竞争激烈的职场上，女人不满足于同事的关系，而是本能地寻找可以信赖的朋友。如果她和另外一位同事一起接受入职培训，在团队合作中从生疏到默契；一起出差、熬夜加班，一起在背后说过上司的坏话，一起躲在公司楼道里边聊天边吃零食，一起讨论公司哪位男同事最帅……女人的友谊便在这些琐细小事中生根发芽，伴随着她们各自的职场生涯，一起成长。由于作息时间大致相同，彼此情投意合，一起去健身、逛街、旅行，往往一呼百应；生活的圈子大致相同，大家的关注点也趋于一致，话题自然也多；此外每天相处 8 个小时，简直比和爱人待在一起的时间还多。于是，这种友谊，从职场上，发展到私下的生活中。

如果能一直维持这样的关系，也不错，但是，谁会料到是否有一天，升职的消息传来，你或者她，二选一。有的人觉得，就算她升职了，我们的关系也不会改变的。女孩们，醒醒吧，别做梦了。一夜之间你的朋友就会成为对手，形同陌路。你们曾经的友谊、曾经掏心掏肺的真情实感，这会儿全都化成一把把匕首利刃，刺向对方。不要以为你们还可以和过去一样，不要想当然地以为"是我的朋友，就该替我考虑考虑"。职场，是关系你们利益的战场，最终，你们只能走到彼此揭短、两败俱伤的境地。

每当这种时候，女人们都要大发感慨：为什么职场的友谊如此不堪一击？是的，职场如战场，战场上没有友谊，和同事友好相处，但不要和同事成为交心的朋友。

职场关系的失败，就败在将友情掺和进去。

即使现在两人很要好，但还是把她当作同事来相处吧。倘若随着时间流逝，你们的情谊越发深厚，到了该离开公司的那一天，你们就可以毫无顾虑地成为交心的好朋友。

17

不要因为坦诚相对很重要
就把家里的事都拿出来谈

　　"我和婆婆的关系真的很不好，我们上辈子肯定是冤家。"

　　"我老公最近老是晚归，是不是在外面认识了别的女人？我真担心。"

　　"孩子真不争气，昨天在幼儿园又和别的小朋友打架了。"

有一次，我参加了一个聚会，正好遇到以前的同事 Y 小姐，聚会结束后我们刚好回家顺路，所以就一起搭地铁。我和 Y 小姐也就是普通的朋友关系，关系不算很熟悉。在车上我们也就寒暄了一下，相互问问家在哪儿等一些无关紧要的话题。然而她突然就说起父亲患癌症住院了，家里人为了父亲的病，发愁死了，母亲身体也不好，而自己也要拼命工作赚钱为家人治病，可是丈夫又很不争气，很可能有了外遇，等等。我虽然觉得她很可怜，但同时也很惶恐，我感觉我们还没亲密到可以谈论这种话题的程度，她这样说，让我不知如何将话题接下去。

女人与女人之间坦率很重要。如果你们之间的关系已经逐渐变得亲密，那么直率的对话固然重要。但问题是如果你们之间的关系没有亲密到这个地步，100% 的坦率就变成了他人的负担。人家没有义务来倾听你唠叨这些鸡毛蒜皮的小事。对于不熟悉的人来说，你的这些家事，其实算是你的隐私，大多数人会将其深埋心底，只和亲密的朋友倾诉，向朋友敞开心扉，最真实地展示自己，坦陈内心的痛苦与迷茫，并向对方寻求安慰或鼓励，使心里的压力得以释放。请注意，我这里说的是亲密的朋友，关系密切到可以分享你的隐私。像 Y 小姐那样，和我的关系算不上亲密，只是比泛泛之交稍微好点的普通的朋友而已。她和我说的那些隐私，我能体会到她的痛苦与无奈，必须给予同情与关爱。

隐私中提到的不幸，有些是你无法改变的，是客观造成的；而有许多不幸是自己主观造就的。人们在对你的不幸给予同情时也会有鄙夷，因此，有些隐私你还是打落牙往肚里咽吧。否则是在伤口上撒盐，也会给对方带来困扰——对于你，他是哀其不幸而又怒其不争。因为你们是朋友啊。你如果有足够的勇气向对方坦露你的隐私，你就必须有足够的耐力接受他的帮助教诲。

在和不是很亲密的人聊天时，不要问及别人的隐私是一种礼貌，不要过多地谈及个人的隐私也是一种礼貌。个人信息可分为基本信息和隐私信息两类。基本信息是指在个人资料里就能轻易获取的能证明本人的信息，包括年龄、性别、同事、学历、经历等。而家庭地址、家庭情况、交友情况、兴趣爱好等信息属于个人隐私。

与朋友交往时，我们的个人信息应谈及多少呢？我们只要把基本信息和隐私区分好就行。与普通朋友交往时，最好只谈及一些个人的基本信息。例如，与公司同事交流时，可以谈及自己的部门、职位、年龄及经历等信息，关系变得更为亲密后，除了这些基本信息外可以跟他们聊些自己的隐私。

许多人认为"人与人的交往，贵在交心，只有心与心的交流，才能亲密"。其实这句话并不适合我们处理同所有朋友的关系。如果与仅有泛泛之交的朋友谈及过多的个人隐私，对方可能会反感。许多女性为了拉近相互之间的距离，比较喜欢拿孩子说事儿。

如以"我家也有一个调皮的孩子"开头，感觉是一次比较轻松的对话，但有时说到孩子的话可能会让对方感到负担。如果你过多谈及孩子的话，不熟悉的人还会想："我和你就是普通朋友，干吗连小孩在幼儿园打架的事也要跟我说啊？"因此，在谈及自己的个人隐私时，我们要把握好与对方的亲密度，把握好如何谈及自己的个人信息的分寸。

18

多与不同的人成为朋友

"我是做会计的，他是做医生的，感觉没什么交集，算了，还是不要主动套近乎了。"

"虽然他是一个不错的人，可是总觉得和他没什么共同话题，聊不到一起去。"

"他喜欢足球和希区柯克的电影？我最讨厌看足球了，对希区柯克的电影也没什么好感。我们俩真是两个世界的人啊。"

我们在选择朋友的时候，总是不经意地选择那些和我们"差不多"的人，比如说喜好相近、职业相同，或是同一个地方来的人。而那些与自己完全不同的人，比如说职业相异或是性格迥异的人，我们经常会以"不同"为理由断言自己与他们无法成为朋友，不去尝试，刻意回避。现在让我们超越这条界线吧。

俗话说人以群分，我们更容易和彼此相似的人成为朋友，但是与不同于自己的人交朋友也会很有趣。

要想获得成功，你总少不了朋友的帮助，而我们所有的朋友都是从陌生人开始的。因此，让更多的陌生人成为你的朋友是决定你成功与否的关键。只和"相同"的人交往，你获得帮助的范围也就越来越窄。

但是有的人会说："我也想和不同的人成为朋友，可是因为彼此有太多不同，所以共同的话题就少了。每次我努力地张开嘴巴想说点啥拉近关系，却发现舌头打结；好不容易找到话题说了，周围的人也并不感兴趣。就算是微笑，对方也不以同样亲切的态度对待我，怎么办呢？"

其实，你只需要抓住一些技巧，就可以轻松与不同的人成为朋友。

很多人总是只看到别人的表面就贸然对他人定性，如这个人和我的喜好完全不一样，我们合不来；或者这个人性格内向，我不喜欢等。

其实，对于不熟悉的人，我们所看到的未必是他真正的一面。因此在与陌生人交谈时，你首先要修正自己的态度，要本着宽容互补的想法去接受对方，保持恰当的社交礼仪，比如得体的仪容仪表、合适的身体距离、适中的语音语调等，这样对方才能和你产生舒适的共鸣，彼此才能建立起真正的友情。

那么，在谈话的时候什么样的话题更容易引起对方的兴趣呢？

有不少人在初次和别人交流时，都想方设法地引起对方注意，这种做法很容易使人反感。要使别人对自己感兴趣，就先要对别人感兴趣。对对方感兴趣，让对方感受到你的尊重，你才能做到进一步了解别人，才能迅速赢得别人对你的好感和兴趣，这是扩大交际圈子的有效手段。

其实与不同于自己的人交朋友，只要找对了方法，你就会发现因为各自生活不同而使对话变得有趣，不管彼此多么不一样也会有共同点。抱着从不同于自己的人身上找共同点的态度，就可以和许多不一样的人成为朋友。和这些人交朋友，你还可以获得平日里不知道的专业知识，这些知识没准儿什么时候就能应用到生活当中，不同职业的朋友，很多时候会给你意想不到的帮助。

19

心直口快是你性格上的
优点也是缺陷

"我只是说了实话，为什么她这么生气？"

"我说这些是为了你好。忠言逆耳。"

"蠢货，这点事都做不好。"

可能很多人都会有这样一类朋友，他们性格直率、心直口快，稍有不满就会冲口而出，不分场合、不管对象，从来不怕得罪人。或许你自己就是这样直筒子性格的人。有时候，这样"说实话"确实很过瘾、很痛快。

这类的朋友，为人率直、不狡诈，充满了正义感，但在现实生活中，人们会认可这种心直口快、率直仗义、喜欢打抱不平的人吗？回答是令人沮丧的。通常，这样的人恰恰容易让交情不深的人产生误会。因为有时他们的心直口快让他人尴尬、产生反感甚至受伤，这个时候，他们会以为他人好才这么说，大家应该体谅他，甚至还应该感谢他的直言。

很多时候，这种心直口快其实是你性格上的一种弱点，心直口快的人，太在乎或只在乎自己感觉的人，他们敏感又脆弱，用张口就来的冲动言辞来防御和指责他人，那些经常口不择言的人，常常在给人带去伤害的同时，自己也捞不到什么好处。你仔细观察就会发现，这类人的人缘多数不佳，人际关系往往比较紧张。

其实每个人都曾经心直口快过，特别是年轻气盛的时候，长大以后再回头看，可能发现自己的一些幼稚的"实话"无意中伤害过别人，留下很多遗憾和教训。但是随着年龄的增长，我们慢慢就会收敛、改正。而有些人依旧口无遮拦，个性也变得更加自私自负。这样的人，和他人的关系很紧张。

其实，如果是出自善意，心直口快地给别人建议，是一种好事，但是一定要顾及他人的自尊，语言上切记不能尖锐地挑剔指责，场合的选择也非常重要。不管是同事也好，朋友也罢，即使感情要好，你也没有资格对他人施以口不择言的伤害。即使是有血缘关系的亲密家人，相信也没有多少人喜欢忍受完全不留情面的刻薄之话。维持良好的人际关系，"假话全不说，真话不全说"这句话一定要切记，"尊人者"才能"人尊之"，友善待人更容易使关系深入发展，也更容易获得人心。

20

即便是小事也要道贺

"她终于交了新的男朋友，摆脱了单身，我应该说恭喜吗？"

"自己的孩子进入幼儿园和我们有什么关系，这点小事她也值得这么大肆宣扬。"

"不就是换了一个新发型嘛，嘚瑟什么。"

　　婚礼、升学、晋升、生小孩等大事之外，连琐碎的小事也会被女人们赋予重大意义。比如，对于女人来说，早上吹了个好看的发型是件大事，其重要性丝毫不亚于交了男朋友。若是早上有人说"啊，今天你的发型真好看"，心情就会明朗起来，不知不觉中，对这个人的印象也会有所改观。

　　祝贺是人际交往中一种常见的形式和礼仪，亲戚朋友有了喜事，如结婚生子、学业上和事业上有了长进、政治上有所进步，一般都应给予祝贺，以表达自己的心情和心意。在这种特殊的日子里，被道贺的人可能不会记住那么多祝福他的人，但是他肯定会记住没向自己道贺的朋友。他不自觉地会想："大家都祝贺我，为什么她什么都不表示呢？是不喜欢我吗？是嫉妒我吗？"因此，遇到认识的人有了喜事，要一一表示庆贺。就算你因为各种原因而无法当面道贺，也要托朋友把礼物送到，或者打个电话送上你的祝福。你的心意朋友会收到。

　　而平时遇到的小喜事，也不要觉得无所谓，不值得高兴，对于别人来说，这些小喜事正是平淡的日常生活的调剂品，你不经意的一句话，对他人有着重要的影响，比如说朋友减肥成功、买了心仪已久的皮鞋，或是有了男朋友、房贷还完了，带着真诚的微笑，衷心地表示祝贺吧。

　　除此之外，在日常生活中，平时见面时的寒暄也很重要。早上碰了面时微笑着问候"你好吗？"，得到帮助时说声"谢谢"……无论是大是小，以礼待人很重要。

将他人的这些值得道贺的小事记在心上，但嘴上也要说出来，不要吝惜寒暄之词，多打招呼、多称赞、多祝福，你的人缘立刻会提升不少，这样既可以交到好朋友，又可以给别人留下好印象，何乐而不为呢？

有的人一看到别人有喜事，心里就不平衡：朋友交了不错的男朋友，就说那男的瞎了眼了；朋友升职了，就说走了狗屎运……这都是嫉妒心在作怪，嫉妒使他们心里不想给他人应有的称赞，怕别人得到更多的称赞，他们说某人的八字好也不肯认可他的才华或努力。不要小看这种嫉妒心理，嫉妒心理会使你心胸狭窄，它会转化成消极的嫉妒行为，严重地破坏人际关系。

俗话说："一分耕耘，一分收获。"当我们看到别人在享受丰硕的成果时，我们可以想想别人付出了多少代价。减肥成功，这是需要很大毅力的；孩子进入一个好的幼儿园，其背后可能是父母通宵达旦辛苦地排队报名……与其嫉妒别人，不如站在对方的角度上去想想，辛苦的付出得到了收获，这难道不值得庆祝吗？当我们嫉妒别人的好运时，为何不换一种心态来为他人的成功感到庆幸？这世上总有人比你更有才能，比你更富有，比你更美丽。享受自己所拥有的，不羡慕自己所没有的，这样才能保持愉快的心情。人活一世，不可能拥有所有的东西，与其让那些你所没有的东西来诱惑自己，破坏你的生活，不如保持愉快的心情，给予他们祝福，并从他们身上学习一些经验，有一天，你也会得到别人衷心的祝福。

Contacts

PART 3

抓牢 5% 的亲密关系

你的人脉关系中，5% 的朋友不仅会对你产生积极的影响，而且他们是决定你成败的关键因素。我们都希望自己有一个生命中的"贵人"，在危难之际或关键时刻能帮我们一把，打开我们机遇的天窗，使我们拨云见日，豁然开朗，顺利进入成功的境界。而这些"贵人"就是你日常人脉的积累和升华。

　　在这个信息发达的商业社会，拥有无限发达的信息，就拥有无限发展的可能性。人脉有多广，你的情报来源就有多广。注意观察那些成功人士，你会发现他们都是"熟人多"、"路子广"的人脉高手，他们具有比其他人更庞大和更有力量的人脉网络。

　　在不断地开发自己的人脉网络的同时，抓牢影响你一生的关键人脉，你可以大大减少获得成功的时间，提高成功的速度。

01

如何对待亲密无间的关系

"算了，我忍忍吧，谁让我们是好朋友呢。"

"以后常联系哦。"

"别装了，你本来就不喜欢他，你以为我不知道啊？"

"你好没义气，对我有对他们的一半也好呀。"

这样的话，我们一般不会随便对其他人说。对别人说这些话是有前提条件的，起码对方是你认为关系非常亲近的人，因为关系很好，所以常常口无遮拦。但是正因为对亲近的人太随意了，或者常常因为对她们期望太高而受到伤害。

人们对自己亲近的人很冷漠，却对陌生的人很热心，这样的情况是很正常的事情，但事实上，越是熟悉的人我们就越应该为对方花费更多的时间和努力。

在亲近的关系中能随心所欲，这种想法是最为可怕的。从小我们就一直被灌输"守规矩，不能随心所欲"这样的观念，这是人与人之间关系的基本界限。

当我们渐渐长大，在学会如何与别人亲密相处的同时，也学习如何与亲近的人保持距离。再怎么亲近的关系也不能随心所欲、无所顾忌，否则，再亲近的朋友也会疏远你。

要懂得对亲近的朋友表达你的"真心"。这里的真心和"事实"是有区别的。表达真心并不意味着你可以毫无保留、口无遮拦地表达你的想法。

我即使再累都会接好朋友的电话，而且聊得很开心，这就是真心。相对于我的疲倦，与朋友通话更重要，这便是真心。然而，我实在累得没有心情聊天，只想躺下好好睡一觉，这就是"事实"，但是如果在电话中直接表达这个"事实"，那么对我们之间的友谊，无疑是一种破坏。认为真心是"表达事实"的时候，相互之间很容易会产生误会。

无论是谁都想结交真心朋友。但那并不是意味着寻找一个"可以随便对待的对象"，而是找一个和我志趣相投、能够沟通、有着相似价值观的朋友。只要抛开"亲近就能随心所欲"的想法，想要得到一生的挚友也就不难了。

一边抱怨着亲近的人给你带来伤害，另一边你是不是也在不知不觉中伤害了她呢？不要想当然地感觉自己受到了伤害，忽视了对方的感受，我们应该意识到亲密无间的关系是真正需要珍惜和小心呵护的关系，并且寻找尽可能改善关系的方法，这是有效维持亲密无间关系的秘诀。

02

女人的灵魂伴侣是女人

　　"幸好我有这些闺蜜，不然我的烦恼都不知道和谁去说。"

　　"还是你理解我，一语点醒梦中人啊。我和丈夫说这些事情的时候他都没办法体谅我。"

　　"没想到最后帮我的人是你，太感谢了，你真是我的好闺蜜。"

"灵魂伴侣"这个词近年来开始流行，它是人生伴侣的另一种表达，相较于同性，在异性之间更为常用。尤其在女性寻找结婚对象的时候，会经常使用"寻找可以成为灵魂伴侣的男人"这样的表达方式。有趣的是，相对而言，很少有男性会想要把灵魂伴侣变为妻子。总而言之，对女性来说，灵魂伴侣这个词具有肯定意义，并且人人都希望自己能够拥有一个灵魂伴侣。

有时候我会觉得大多数人在灵魂伴侣这个词上过于纠缠了。所谓的灵魂伴侣就是"灵魂上的朋友"，而且没有哪个地方规定灵魂伴侣必须只有一位。灵魂伴侣当然是越多越好。有几位能心意相通的朋友难道不是件好事吗？

而且，为什么一定要规定灵魂伴侣是异性？亲近的女性朋友，也就是我们常说的"闺蜜"反而更容易成为灵魂伴侣。尤其是那些能跟你彻夜长谈、分享心情，可以倾听你的想法、给你出谋划策、在关键的时刻伴你左右，真正的灵魂伴侣舍她其谁？

坦白地讲，将灵魂伴侣认为是男性这样的想法过于理想化，它是很不现实的一种关系。我们所认为的灵魂伴侣是"彼此心灵相通"、理解我内心的人，但即便是真心相待度过一生的丈夫，也很难说他们了解妻子内心并达到"心灵相通"的程度。这并不意味着没有爱情，而是因为通常男人所认为的爱情并没有达到（像女人这样）心意相投、灵魂挚友的程度。也许在男人们的想法中，与其说男女是一生的灵魂伴侣，还不如说是"身体伴侣"。

而亲密无间的女性朋友才真正是女人的灵魂伴侣，而且你的灵魂伴侣，可以是一个，也可以是多个。她们是你这一生极好的精神伙伴。

现在很多女性普遍处于情感干渴状态，人所需要的情感满足是多元化的，亲情、爱情、友情缺一不可，不论哪一种情感元素，都是健康心态的保障。而缺少友情的滋润，人会容易出现焦虑情绪，导致失眠等状况的发生。那些朋友越少的人，精神负担便也越重。一个好的闺蜜，可以改变你的心态、改善你的生活。相比于爱人，与闺蜜之间的交流，更具有情感优势。因为闺蜜们本身心细、柔软、善于思考和沟通，能用女性的敏感去触摸对方的心，更容易倾听对方的心声。这是一种很好的维系友谊的方式，于是，女人之间的交流，无形中是在帮助对方排解压力、释放负面情绪，可以这样说，不论多么委屈、多么不被理解的女人，只要到了闺蜜那里，通常都能得到理解和包容，这对女人而言，是最好的肯定，也是树立生活信心的最佳方式。一个身在女人帮中的女人、有女性好友陪伴的女人，更容易获得认同感，更容易让她觉得自己是被理解的。而对女人而言，拥有好闺蜜，能让你的生活得更安宁，精神更健康。

03

女人之间的友情，
在危急时刻是救世主

"女人和女人之间有真正的友情吗？"

"女人之间讨论的总是家长里短、鸡毛蒜皮的小事，能有什么真正的好朋友！"

"女人是最斤斤计较的，总是为一点小事相互算计。男人间的友情才是真正的友情。"

有人说，世界上最深厚的感情，是男人与男人之间的感情，其次是男人和女人之间的感情，而女人和女人之间其实并没有什么感情。他们那样说是因为不了解女人间的友情。虽然平时边聊八卦边享受平和的生活，但当对方有困难时，便会成为对方无比强大的依托，这就是女人间的友谊。

现实生活中，女人间的友谊也是一种既牢固又脆弱的奇妙存在。诚然，小气、冲动、斤斤计较是女人的天性，两个女人相识，很快就会熟悉起来，在心灵相通、没有什么大的利益冲突下，也能很快地结下友谊，但因为女人的单纯和小脾气，有时很容易破裂。不过，女人之间就像小孩子一样，好得快，散得也快，重聚仍然很快。可到了真正意义上的理解和沟通后，女人的那种体贴、理解、宽厚、爱怜完全会表现在女人和女人之间。女人虽然外表看起来靠不住，但内在的凝聚力绝不输于男人。拥有一个相知的同性朋友，是人生最大的幸运。

有很多男人不屑于女人之间的友谊，认为这种关系微不足道、不够义气，而实际上，女人的友情，在危急时刻却是救世主。无论你遇到多大的困难，真正的朋友都会第一时间赶到，给你很多心灵和情感的慰藉；或许她永远都是骂你骂得最凶的那个，但是她说你的狠话让你再一次看清丑恶的事实，就算是你心里多不愿意听到的事实，她都会告诉你，因为她不想你感情用事，做出什么后悔的事；当你经济上有困难的时候，她总是会偷偷地帮助你还不让你觉得欠了人情债；即使可能好几个月都忘记联系，但是某一天却很有默契地同时给对方打电话。她永远关心的是你过得好不好，而不是你爬得高不高，因为她怕你摔下来；永远都是那个你需要她她一定会赶到，不管她住得离你多远；会为了你的成功而高兴，不管你在外面犯了多大的错，她都会站在你这一边的人。

女人间的友谊是一种最简单的情感需求，感情流露。对于朋友，是合则来，不合则散，不像男性为了经营自己的事业，往往即便自己不喜欢的朋友也会结交。所以当男人们之间为了利益撕破脸的时候，他们眼中不屑一顾的女人那种斤斤计较的友情却来得天长地久。即使不常在一起，但是偶尔联系见面时，女人们还是依旧热络、话题不断，女人们的友情很现实，但是更温暖、单纯。在我们最失落的时候，总会有个同伴一直在旁边默默地陪我们一起走；在我们最需要的时候，也总会有那么一个最知心的好友给予我们心灵最大的温暖与抚慰。

04

别说羡慕，只给祝福

"我要结婚了。"

"我要去留学了。"

"我通过了 ×× 公司的考核。"

当朋友们将这些令人愉快的消息告诉我们时，我们常常会无意之中脱口说出"真羡慕你"。不过从现在开始，试着用"祝贺你"来代替"羡慕你"吧。在"羡慕"与"祝贺"之间，存在着巨大的差异。在"羡慕"中包含着"不可能发生在我身上的好事被你碰上了"的色彩，而"祝贺"中所含的只是对对方幸福的祝福。

以一句"真羡慕"结束了对话后，我们的心情可能立刻就会变差：她与自己的人生是从何处开始出现了差异呢？明明她一年之前还为了与男友分手而终日以泪洗面，明明高中时期她的成绩还不如自己。看来她是撞大运了吧，我为何就没有这种好运气呢？这样下去自己真的会越来越不幸的……如果这么想的话，不仅过去的自己和现在的自己，甚至连将来的自己都被推入了不幸的泥淖之中。

很明显，对方为了达成自己的目标，付出了相应的时间和努力，而正是这种付出才换来了现在的成果。我们有时甚至会在看到与自己完全不相关的奥运冠军或者明星时也会产生羡慕嫉妒的心理。

为什么要羡慕呢？是否因为觉得自己也完全可以做到，无奈运气不好，所以才成了现在的样子？但事实上，现实中的你把时间用在了与他们不同的地方，因而将来收获的是与他们不同的成就。

从现在开始，试着对朋友的好事致以真心的祝福，并将羡慕之心收起来。自己的幸福并不会与别人的幸福具有相同的内容，也不会在同样的时间到来。我们的幸福都存在于不同的时间和空间。

我们应该持有这样的想法：自己正在拥抱着幸福，并且也能足够大方地去祝贺别人的幸福。对于朋友的好事，不要说羡慕之类的话，而应该对其表示祝贺。因为亲近的人之间，幸福是可以相互传染的。

05

容忍和迁就都是有限度的

"我们去看电影吧。"

"什么电影？"

"《碟中谍》？"

"我不是很喜欢汤姆·克鲁斯。"

"那要不咱们看别的？《变形金刚3》怎样？"

"那个有意思吗？有人说不好看。"

"不是吧，都说挺好看的。那你有想看的电影吗？"

"我没啥特别想看的，除了《碟中谍》和《变形金刚3》之外没别的了吗？"

"别的？那要不看《玩具总动员3》？"

"那不是给小孩看的吗？"

我们身边总会有那种挑三拣四很难伺候的人，看个电影都无法达成一致，那种时候真让人生气，恨不得说"你自己去看吧"。这样的朋友不仅看电影如此，逛街也毫不例外。和她逛了一天街，走了无数个商场，她最终还是嘟哝着没有合心意的衣服。有时候我们会因为对方是好友而一而再再而三地迁就对方，但凡事都有一个度，正视这个度，并且最好让朋友也意识到这一点。

不妨这样说："本来想跟你一起看电影来着，不过我喜欢的都不符合你的口味，那还是我一个人去看好了。"最好告诉朋友，实在是无法在每一个细枝末节上都做到满足对方的喜好。在这种时候最好开诚布公，这样对双方都有好处。

如果有一个自己不怎么愿意与其同行的朋友提出了一起去旅行的建议，你用了各种理由拒绝，但她却还是一味要求同行，这种情况下最好直截了当地说："跟你一同旅行会让我觉得有负担。"即使朋友难以接受，也无可奈何，因为如果真的是你的好朋友，那么她也有义务体谅你。

朋友之间需要互相包容，才能维持彼此的友谊，而包容和迁就都是有底线的。如果好友过于刻薄，自然需要我们在一定程度上努力体谅对方，但同时也要意识到这种迁就和体谅是有限度的。如果在你的包容和迁就下，对方还是得寸进尺，比如说她今天做了一件很让你生气的事情，你的容忍和迁就就会成为她不肯悔改的借口，如果天天让你在郁闷和愤怒中迁就，那么你们的友谊又能维持多久呢？记住，你只是她的朋友，不是她的妈妈，没有无限度体谅她的必要。

06

守约也要分先后，
把重要的约定排在首位

　　"反正都这么熟了，就失约这么一次，无所谓了。"

　　"她不会和我计较这些的，她不是这么小气的
人。"

　　"今天实在没办法守约了，给她发个短信吧，
她应该不会怪我的。"

"一定要遵守约定",还能有比这更理所应当的事吗?从小我们便一直接受着"一定要守约"的教育。然而要做到遵守约定并不是想象中那么简单,而许多时候,我们无法守约。这是因为我们要遵守的约定实在是太多了。每天按固定的时间上班也是一种约定,如果想要几十年如一日地按时上班,我们所要做的远非"守时"这么简单。为了能够达到守时这个目的,我们从前一天开始,一直到当天早上起床,都必须将所有的注意力集中到上班时间上。除了这种日常的约定外,我们还有跟朋友一起调整好假期以便出游的约定。为了遵守这一约定,我们必须提前跟公司申请假期,并且要调整其他日程等,需要做不少的准备。

如果类似的约定太多,那么为了守约,我们必须付出巨大的精力。所以很多人放弃了遵守"所有的约定",只遵守"应该遵守的约定"。如此一来,到底以什么样的标准来定义"应该遵守的约定"就成了问题。

其实标准很简单。如果是与亲密无间的人的约定,就务必要遵守。因为对你来说,他们才是值得珍重的人。

约定有各种各样的形式。既有时间上的约定,也有承诺为对方做某事的约定,还有送礼的约定等等。跟亲友做的所有的约定都是重要的约定。如果实在无法遵守与亲友的约定,应该提前好好向对方说明情况,这一点也非常重要。

与此相反，如果持有"因为亲近，所以即使晚了对方也能理解的"、"推到下次，对方也会体谅的"、"都这么熟了，应该不用这么客气，送礼之类的约定即使不遵守也没关系"之类的想法，那就很容易给对方造成伤害。如果我们将亲友定为必须守约的对象，便不需要承受来自于所有约定的压力，并且还能将与亲友的珍贵情谊一直延续下去。

因此，与家人之间的约定当然也无比重要。那些认为"家人之间可以随便一点，所以约定之类的根本就不重要"的想法会严重破坏家庭间的和睦气氛。而且随着我们成年结婚，家人的范围也会随之扩大，因此遵守与家人之间的约定也会成为维持和谐关系的秘诀。

让我们努力遵守跟妈妈的约定、跟女儿的约定、跟挚友的约定、跟儿子的约定吧。

07

不要以亲近为理由，
把亲近的人当成发泄对象

　　一位很要好的朋友要开生日 Party，邀请了我和朋友小 A。去之前我发信息给小 A，和她商量一下送礼的事情——

　　"我们买什么生日礼物呢？"

　　"不知道，你随便。"

　　她的回答让我非常意外。

　　"怎么了？有什么事吗？"

　　"没什么事。只是现在我不想考虑生日礼物的事。"

　　本来想讨论一下生日礼物的事情，没想到却受这样的气。我思考了一下，觉得自己也没什么得罪她的地方，你如果心情不好，可以直说，为什么要有那种反应，真是令人费解。事后才知道，她挨了上司的骂但又不能顶嘴，所以我发信息的时候，就把气撒在了我身上。

　　两人亲密无间就容易让人产生错觉，觉得说什么话都不过分。如果有这种想法在作祟，就会不自觉地把对方当作出气筒。在别处受了气，不能直说，就会像连珠炮一样一股脑儿倒给挚友。要不然就是回到家，冲着妈妈发脾气。

　　不要以亲密为借口，因为毫无关系的事情，向毫不相干的人发脾气。因为亲密并不代表朋友可以作为撒气的对象。相反，即使受了气，当遇到朋友时也应该把不愉快的事情忘掉，开开心心地度过一天。当然也可以在朋友面前说上司的坏话，痛骂上司，但绝不能把气发在朋友身上，给对方造成伤害。

　　人们常说："生了气憋着，不如发泄出来。"其实我们应该丢掉对这句话的误解。很多时候我们受了气，很难直接发泄，只能找朋友来泄气。但是实际上，无顾忌地发泄怒火的话，只会增加你的攻击性。如果一次把朋友当作是泄愤的对象，很可能就养成了习惯。尽管发火可以使情绪很快平静下来，但是你的怒火，也会随着时间的推移逐渐沉淀的。

　　朝对方发火、伤害对方的同时，自己也会受到伤害，说不定还会为此而后悔，甚至会失去一位知己。忍耐，控制好你的情绪，才是维持你人际关系的法宝。

08

不要轻易说忙，
再忙也要为重要的人留出时间来

"抱歉，我很忙。现在没空听你说这些。"

"下次再说吧，实在是没时间。"

"等我忙完这段时间再联系你吧。工作上的事弄得我焦头烂额。"

我最讨厌对关系亲密的人说"忙",也最讨厌听到这个字。因为忙所以没能联系你,因为忙所以不能见面,因为忙所以没办法这样的例子举不胜举。

忙的意思是向对方表达,我在因为"你"以外的事情忙。这可能意味着其他事比你重要,所以这可能是一句失礼的话。如果深究的话,也许没有比说忙更好的借口了。其实在你说忙的一瞬间,会让那个想联系你的人、想跟你聊天的人、想跟你见面的人感到非常抱歉。

在泛泛之交中,用忙拒绝别人、推辞事情是一个好办法。但是在亲密朋友中,如果你总是把忙挂在嘴上的话,那你到底是在为谁而活呢?一方面想要与朋友维持亲密关系,一方面却在为其他事情忙得不可开交,这不是很矛盾吗?

当然,我们确实也有非常忙的时候。这时应该怎么跟对方说呢?

如果有不能接电话的时候、不能及时联系朋友和家人的时候,遇到这种情况,别说忙,而是说出具体缘由。"因为跟朋友见面,所以联系你晚了,很抱歉","因为突然有事,所以回复晚了,很抱歉","因为公司事情多,所以现在才联系你",像这样说出具体什么原因,就很容易让人接受了。

不要轻易和亲密的人说忙,而是说"今天事情真的特别多"、

"有很多事要做"、"不是，刚有点事儿"，或者"请等我一下，做完手头这点事"等等。

也许你会问，忙的话直接说就好了，为什么这么亲密的关系，还要为此费心？但是我们因为工作或者其他人说忙的时候，不是为了晕头转向地生活，而是为把节省的时间花在自己珍重的人身上。在说忙之前，请从我们珍惜的人的立场来想一想。

09

多年之交也许会毁于
旅行的第一天

"真后悔和她一起出来旅行，我想去的地方她没兴趣，她想去的地方我又不想去，真扫兴。"

"好不容易出来玩一趟，闹什么脾气。相互体谅一下不行吗？"

"以后再也不和你一起出来旅行了，真憋屈，什么都和我争。"

女人们很少会独自去旅行，而经常是两人结伴或者集体旅行。特别是去国外，如果有个伴，会对自己有很大帮助。而且去旅行的话，比起陌生朋友，跟好朋友一起会更好，可以一起制订计划、一起享受准备的过程。

尽管准备过程是令人激动兴奋的，但有时，即便是十年之交，也会在第一次的旅行中因为对方的习惯、价值观和思考方式的差异而感到陌生和失望。

虽然和朋友一起旅行是件非常愉快的事，但是旅行过程中产生的小矛盾却会撼动双方的关系。所以去旅行时，特别是长期的旅行，在选择旅伴上一定要非常慎重。

去旅行的话，24 小时都要生活在一起：一起吃、一起看、一起玩，所以旅伴选错了，就会感到非常疲劳、有压力。也有的人一起去旅行，因为意见不一致，所以分开行动。在决定一起去旅行之前，最好全面考虑一下双方的生活方式、兴趣、关心事项、费用等问题。

如果一起旅行，从起床时间到旅游路线，都应该决定好。消费方面也应该商量好，因为有时自己想吃大餐，而朋友却想省钱，矛盾就会由此产生。当然，如果一起旅行，多少是可以相互将就一下的。但是在去之前，还是慎重咨询一下对方的意见比较好。

能有一位可以一起旅行的朋友是无比幸福的事情。如果和一位朋友顺利地去旅行了一次，以后还会想和她一起去，这样不仅可以共享愉快的旅行记忆，还可以加深友情。

不仅仅是旅行，在选择同居伙伴时，也应该慎重。我也曾和一位关系不错的朋友同居了一段时间，但由于她辞了职，生物钟经常颠倒，还整天喝酒、通宵玩游戏，严重影响了我的生活，所以我们的感情变淡了。十年知己，彼此的关系却毁在了同居的第一个月，这是让我非常遗憾的事情。所以，和亲密的朋友保持一定的距离，也是维持良好关系的必要因素。

10

注意辨别装作朋友的敌人

A：最近过得怎么样？

B：打算跳槽，不过还在打听着呢……

A：是吗？打听过哪家公司？

B：S公司和N公司，但是不知道该去哪一家。

A：公司怎么样？

B：S公司的年薪更高，职位却低；N公司虽然年薪稍微少一点儿，但是职位高，福利也很好。

　　A：所以你想去哪儿呢？

　　B：这个嘛，没考虑好。

　　A：那你得慎重考虑。以后见吧。

听到这样的对话，你有没有觉得很熟悉？ A 只是在发问、听 B 的回答，自己的信息一点儿都没有透露，只是获取了 B 的信息。

如果你也有朋友经常和你进行这种类似的对话，就有必要考虑一下是不是要继续和她交往下去了。朋友之间的交谈，重要的不是对话的频率和量的多少，而是是否在进行一场能够让双方互相了解的对话。

偶尔发个信息、打个电话，就尽情地获取你的信息，却一点儿都不提自己的事儿，最后说一句再见就结束对话。对这样的朋友，请果断地打消继续维持友情的想法吧。

最近网络上流行一个词——"frinemy"，就是指表面看是"朋友（friend）"，实际上却是"敌人（encmy）"的意思。这种看起来像朋友，却不知何时就会背叛你的人，千万不能结交。问题的关键在于如何辨别出这种人。有什么办法吗？有。如果你们在交谈的时候，对方总是一味挖取你的信息，自己的情况一点儿都不透露，这个人很有可能是"frinemy"。友谊发展中的秘密分享，既包括分享对方的秘密，也包括更进一步暴露自己的秘密。然而，那些不愿意公开自己的秘密，只想获得别人的，所以即使获得友谊，也是浅层次的，真正了解他们的人，会对其退避三舍。

如果想和对方成为挚友，就应该同等地公开自己的信息，了解对方，也要让对方了解你。

11

对方的缺点可以指出，但弱点不可挑明

　　K："真不知道我为什么不能和男人好好相处，是不是我有什么问题啊？"

　　Y："别在一棵树上吊死，跟其他男人交往看看。"

　　K："如果跟其他男人交往就会好一点吗？"

　　Y："呃，这个嘛要不你试着换换自己的穿衣风格怎么样？"

　　"难道是因为单亲家庭的原因，所以你才不能和男人好好相处？"

听到这句话的瞬间，K 小姐的情绪就控制不住了。Y 小姐的话戳到了她的痛处。不要以为关系亲密就可以随便揭露出别人的弱点。

即使开玩笑，也要注意分寸，不能拿对方忌讳的事情开玩笑。

好朋友之间，如果能够指出对方的缺点，并给予有所帮助的忠告，对于提升自己、让自己更完善很有帮助。但是如果那不是缺点，而是无法克服的弱点的话，无论关系如何亲密，也不要提及。

但是，指出对方缺点的时机也非常重要，最好的时机就是朋友咨询你的时候。

"我的语气是不是不太好？有人跟我说，我每次说话都像生气一样。"如果对方首先这么说，那你就可以委婉地给予忠告："是有点，可能是因为你的语气有些生硬，嗓音有些高，所以会让人误会。如果你再温柔点儿说话应该就会好的。"这样委婉地表述，并给予朋友好的建议，她就会很容易接受了。

我们可以指出朋友的缺点，但是无论关系如何亲密，都不能碰触的，就是朋友的"弱点"。缺点和弱点有什么区别呢？缺点是可以改正的部分；而弱点，正如它的字面意思一样，是弱的部分，是本人无可奈何或是无法改正的部分。

朋友因为已经意识到自己家庭问题而苦恼的时候，我们应该注意不要提家庭的事情；离婚的朋友因为男人问题而苦恼的时候，我们应该注意不要以"是不是因为你离婚了才不行"这种说话方式来指出别人的弱点。在亲密的朋友面前也要注意这些。

为了避免这种情况，应该首先了解对方的弱点是什么，所以双方既需要多一点的对话，又需要用一颗温暖的心呵护对方。

家人之间也是一样。特别是跟妈妈吵架的时候，女儿会情绪激动地说"为什么生下我"，或者是妈妈对女儿说"你不是我的女儿"，这种话会刺痛对方的心，所以这种话最好不要说。因为有时候一句不经心的话，也会给对方留下不可忘却的伤痛。

12

疏于联系，
是对你人脉的极大破坏

"你最近联系到小 P 了吗？我找了她几次，电话都打不通，不知道怎么了。"

"小 P 也好久不和我联系了，失踪了似的，听说她最近恋爱了。"

"有了男朋友就忘记我们了，真失望啊。"

　　一天，一个许久不联系的朋友突然发来信息。这个时候，我都会有一种预感：肯定是邀请我去参加什么婚礼，或者参加孩子的周岁宴，又或者是有什么事需要找我帮忙。所以虽然不乐意，但是也不得不答复，真的很苦恼自己到底是去还是不去。

　　发生这种情况，有可能是因为关系真的不亲密，也有可能是关系亲密的朋友，随便消失一段时间，又突然联系。特别是有了男朋友的时候，有的女性会断绝和朋友的联系。朋友们联系她见面，她会拒绝，说："这周我约了男朋友去游乐园。""今天男朋友会早点下班，所以约了一起看电影。"甚至有的女性会因为男朋友突然打来的电话，就取消和女友的见面。她的生活重心完全倾斜到一方上，忽视了身边的朋友。

　　然而，一段时间后，她如果和男朋友分了手，需要朋友的安慰，她又会狂轰滥炸般地联系女友。不分时间场合地联系，把朋友叫出来，大倒苦水，想让对方安慰自己。但是如果和男朋友和好，又会立刻把女友的友谊抛在脑后，反复如此。

　　我身边就有这样的朋友，平时从来不和我联系，我想找她也找不到人，而每次出事或者需要帮忙她就主动来找我。虽然每次我都下定了决心，不再和这个朋友见面了，但是她联系我的时候，心却又不自觉地动摇，最后还是见了面。但是每次见面完回来后，我的心情总是很不好。这样的朋友也是我非常不愿意交往的。

千万不能以为关系亲密就可以有随意联系、随意消失的想法。亲密关系是人生中珍贵的缘分，就像一棵小树苗，经常联系，就仿佛是给它养分，这棵小树才能茁壮成长。保持联系，是彼此形成信赖关系的基础。

如果是亲密关系，当然会希望可以经常联系，但是最好不要将那些我行我素的人当作关系亲密的朋友。自己也是同样如此，不要在自己觉得珍贵的朋友面前玩消失。

13

缺乏同性缘的女人，
也不会有异性缘

"真羡慕 K 小姐，长得虽然不是很漂亮，但是
大家都愿意和她交朋友。"

"L 小姐那个人不太好相处，大家都这么认为。"

"和她见过几次，但是她太喜欢斤斤计较了，
不适合做朋友。"

可能读这本书的人，至少都是 20 岁以上的女性。20 多岁，可以说已经过了把朋友当作很重要的人或是以朋友为中心的年龄了。初中、高中阶段，我们大部分时间都是和朋友们在一起，并且经常为朋友而烦恼。心理学上认为，这个时期人们之间的中心关系之一是朋友。

如果过了重视朋友的年龄，就会将生活的重心转移到寻找配偶的异性关系上来。如果寻找到配偶，组成了新的家庭后，此时家庭就会成为生活的重心。这时女人与男人不同，自己的生活被家庭填满，从而常常忽视了朋友，忽视了人际交往。

除了父母，和自己建立人际关系的人就是朋友。从朋友那里学到的人际交往，对你一生都有重要的影响。例如，回忆一下小时候经常和朋友玩的过家家游戏，虽然都是一群女孩子，却会定好妈妈、爸爸、孩子的角色；玩公主游戏的时候，就会定好谁是公主，甚至谁是女仆。那时，自己并不能随心所欲。有时会把好角色让给朋友，有时又会因为不是自己喜欢的角色而去抢朋友的。从最初的朋友关系中，可以学到应遵守的社会秩序。

通过和朋友的交往，学会珍惜周边的人，还可以学会跟志同道合的人交流，并发展真挚的友谊；在众多朋友中分辨出谁更亲密、更值得珍惜。通过这个过程，自然而然会拥有亲密的朋友关系。

这种人际关系在了解异性关系和亲属关系中同样适用。不能好好处理朋友关系的人，就很难处理好异性关系。虽然同性关系和异性关系不同，但是如果没有同性关系作为基础，想去了解异性关系，会是一件非常困难的事情。

女性之间的友情会因为异性关系即男性关系，变得更加深厚。和你一起为恋爱和婚姻问题苦恼的不是男性而是女性。在恋爱时，出现了问题，给你提供帮助的是女性朋友。结了婚，有了小孩，教育孩子的时候，朋友也会在教育孩子的问题上相互帮助。

女性之间的友谊是变幻多端的，并贯穿人的一生。所以，千万不要认为女性之间的友谊是没有用的，是随随便便的。珍视这些陪伴自己一生的挚友吧。

14

在困难的时候，谁会来帮助你？

"这件事我应该找谁帮忙呢？"

"真麻烦，找不到人可以帮我。"

"你能介绍我认识一些了解银行利率的朋友吗？我最近有些贷款问题需要咨询。"

现代社会人们聊天时不可缺少的话题就是"压力"，压力是导致很多疾病发生的罪魁祸首。克服压力的方法有很多，"有困难的时候会有人帮我"这种想法本身在任何情况下都会给人带来莫大的安慰，减轻你很多的压力。

有困难的时候谁会来帮助你？首先浮现在脑海里的人就是父母和朋友。在我们遇到困难时，父母都会最先伸出援手。而朋友出手相助，会成为我们勇敢面对困难、坚强生活下去的力量。

人际关系可分"交换关系"和"合作关系"两种。所谓的交换关系就是我给了对方什么，对方也该相应地给我些什么，是因交换而建立的关系。合作关系是我即使给了对方什么或者从对方那里得到了什么，也不期待相应的回报，是有着共同体概念的关系。家庭关系就是具有代表性的合作关系。不是每个家庭成员都去挣钱然后平均分配，而是爸爸妈妈挣钱养活全家，这就形成了合作关系。这种情况下，爸爸妈妈不会因为自己挣钱养家就让孩子马上给自己相应的回报。

泛泛之交就可看作是交换关系。这种关系下虽不用很刻意地每得到一个帮助就要立刻回报，但适当地回报对方是必须的。亲密无间的关系可以脱离了礼尚往来，这是一种在人生道路上相互帮扶的关系。相互帮扶不仅有物质方面的帮助，更有精神上的支持。

朋友说出于爱好学了爵士舞，在进行首场演出的时候，带着鲜花去给她加油；朋友因面试失败而忧郁的时候，陪她喝杯酒；朋友诉说关于爱情和工作的苦闷时，即使很忙也要聆听；朋友说饿了的时候那就请他（她）吃顿饭。我们应该用一生去珍惜这种在困难时候相互扶持的朋友。

就像一位著名的教授在随笔中写的那样："晚饭后可以随意邀请一起喝茶的朋友，没有换掉带着泡菜味道的衣服也不嫌弃自己的朋友，这种朋友就在我家附近该有多好啊。"如果向往这种芝兰之交，那么双方就应该建立相互帮扶的关系。对于我所珍惜的人，只要在力所能及的范围内，绝不能吝啬金钱、时间和精力。

15

怎么沟通都不够的
才是真正亲密的关系

"我们最近好像缺少交流。"

"我和××聊天挺投缘的，应该能成为好朋
友。"

"不知道为什么和她就是讲不通。"

女人之间"对话"很重要。男女交往方面，对话不是衡量交往程度的唯一标准，还有其他很多因素可做参考。但是要想加深女人之间的感情，并很好地维持下去的话，"对话"自然是非常重要的。

可能正因为如此，我们就会把聊得"投机"、"不投机"当成判定朋友亲密关系的标准。聊得投机的人就是好朋友，而"话不投机半句多"的人，最好敬而远之。

聊不够这种感觉不是随便在任何人身上能体会到的。我们不会从路人身上感到和他聊不够，也不会抓着职场上司说因为和他没聊够而难过。让自己觉得聊不够的对象是好朋友，是再怎么聊也觉得有话说的朋友，是打了一个小时的电话还会说出"具体的见了面再说"这样的话的朋友。

对于泛泛之交，得刻意抽时间沟通，而在亲密无间的挚友之间，很多人相信不用语言彼此也是相通的。其实，这种想法并不正确。不用言语心也相通这句话只是被包装得富丽堂皇的辞藻罢了。不讲出来对方就不清楚。因为猜测没说出的那些话，常常会引起各种误会，进而产生问题。要想展示真实的自己就需要多沟通，如果不把话说出来谁都无法知道对方内心真实的想法。

多和朋友沟通对话是必要的，但是这并不代表不考虑对方的时间和情况，随便提出聊天邀请，这是很没有礼貌的做法。"想和你聊聊，什么时候有空？"或者"想和你聊聊，方便吗？"像这样礼貌地先问一下对方会比较好。如果泛泛之交的朋友这样找你聊天，不要说"明知我没空怎么还找我聊天？"这样让对方难过的话。如果真的很忙，可以有诚意地回答对方"虽然现在很忙，但一会儿会有时间"。

女人之间真挚、愉快的谈话对减少压力、增加活力很有帮助。怎么都聊不够的对话，就是和真正好朋友间的对话。

16

趁早抛掉朋友或家人的喜好 要与自己 100% 一致的想法

"这个《哈利·波特》的电影很有意思吧？"

"一般啦，我觉得不怎么样。你竟然觉得有意思？"

"嗯……"

我喜欢的朋友肯定也喜欢，带着这样不切实际的想法，结果听到了出乎意料的回答，这种情况是最容易让人沮丧的。甚至还会产生这样的想法："本来以为和我想的一样呢，看来不是。她真的是我的好朋友吗？"

再好的朋友，在兴趣爱好、饮食习惯，甚至是政治和宗教方面也会产生大的分歧。因为这些分歧就觉得今后不能继续做朋友，那么你的交际圈子会越来越小，朋友也越来越少，这种要求相互100% 的一致是对朋友过分的期待。

小时候，你可能和好朋友喜欢同一个明星，有一天，又喜欢上了别的明星，你们尽管有过分歧、有过争吵，但是不至于为这些不同而分道扬镳，关系也没有因此而变得疏远。成年后，我们反而对朋友有了更多的期待，认为好朋友的标准就是和你有相同的语言、相同的爱好等。摒弃这种要求朋友百分百和自己喜好一致的想法吧，这是让友谊长久的方法。

与此相似的是，因为朋友没有把你放在第一位就怀疑友谊，这样的人也不少。比如说，约朋友周末一起去逛街，如果朋友回答"抱歉，这个周末已经有约了"，有些人一听到拒绝的话就会跟朋友计较"还有比我更重要的约定吗？"或者干脆说"宁可和别人一起逛街也不和我一起，你真不够朋友"，这样的想法会严重破坏你们之间的友谊。

可是你应该明白，不能因为是朋友，就要求朋友迁就你，一切以你为重。尤其是结婚后，大多数人都会把家庭放在第一位，这是人之常情。那么是不是意味着结婚后友情就淡了？与其说友情淡了，不如说情况变了更为妥当。我的大学朋友们，毕业后很长一段时间忙于结婚生孩子，忙过那段时间后，我们依旧保持联系，感情也如过去一样亲密。

家人也是一样。一出生就生活在一起的家人也会有不同的想法和喜好，但依旧能相亲相爱地相处。对家人都能如此宽容，更何况是朋友呢？不要因为好朋友和自己在某些方面不一样或有不同的意见就认为两人之间谈不来，无法建立亲密的关系。世界上没有一成不变的东西，也不可能有百分百和你一致的人。

17

让你的朋友能及时联系到你

"你最近见过小赵吗？给她打电话总关机。"

"我也联系不上她，不知道出什么事了。"

"该不会又一声不吭去旅行了吧？上次不也这样。"

有很多时候，我们不想一个人待着，特别是节日的时候，比如说情人节、圣诞节，本应该和恋人在一起的日子却因为各种原因不得不自己一个人过，街上人们欢声笑语，而自己却一个人呆呆地迎接夜晚的来临，这种时候真是又孤单又凄凉。这时想起了一个可以联系的女朋友，虽然不知道她会不会正和男朋友约会，还是决定打个电话试试。

"今天是圣诞节，是不是和男朋友一起过节呀？"

"别提啦，公司临时派他出差啦，所以我只能一个人过。"

"是吗？原来不光只有我是孤家寡人呢。"

"一个人过节好无聊，要不我们见个面吧？晚上一起出去玩。"

听到这句话的瞬间，你抑郁的心情荡然无存。欢呼雀跃地换衣服化妆，打扮得漂漂亮亮地和朋友一起过节去了。

当然，有时候也会遇到这种情况。给朋友打电话却怎么也打不通，好不容易打通了又没人接，这时候你的心里肯定很不快，暗想：

"为什么总也打不通她的电话？"

"她是故意不接我的电话吧？"

"这个女人真没义气，重色轻友，看下次她找我我还理不理她，哼。"

这时候，一旦电话接通了，你心里这股怨气肯定不自觉地爆发出来，变得口无遮拦。

"你电话怎么回事？我打了半个小时都打不通！有了男朋友就重色轻友，不接我电话了是吧？"

请努力做到尽量不要跟好朋友这样说话。尽管你对朋友抱有太高的期待和信赖，认为她要一直在你身边、随时都会帮助你，但是，再亲密的朋友，也有自己的生活，不是 24 小时为你服务，总有因事不能接电话或者回复迟的情况，不要理直气壮地追究原因和责任，这种情况下只需简单问清楚原因，多一些宽容和体谅。

每个人都会偶尔有谁的电话也不想接的时候，你也一样，有时候就是不想和任何人联系，就是想独自安静地待会儿，这种情况下如果没有及时回复朋友的电话，事后打过去解释一下即可，不要让你的朋友因联系不上你而产生不安的感觉。

亲密无间的朋友之间最重要的就是信赖，想要让对方信赖你，你就应该先做出值得信赖的行为。

对自己的近况，即使不那么详细也要让朋友知道个大概比较好。比如说要去旅行，就在出发前告诉朋友，这段时间可能会联系不上。朋友有事找你却总也联系不上你，或是你旅行很长时间不回来也不提前打招呼的话，对方会认为你不重视他，所以提前打好招呼，可以避免误会产生。

有的人认为常和朋友联系，就是常常长时间地电话聊天。电话聊天，很容易产生误会，还会影响对方的生活，把电话当成联络工具，抽出时间经常和朋友见见面，对于维系你们的感情很有益。还要注意的是，只要不是急事，不要在很晚的时候打电话，特别是深夜的电话总让人觉得是不是有什么坏事发生了。所以打电话时尽量选择方便的时间，而且简单说出重点就好。

18

别人只称赞结果时，
请你称赞过程

　　"你可真努力，这么刻苦地复习，考上公务员肯定没有问题。"

　　"这幅十字绣真别致，你肯定很用心了，这么短的时间内就绣了这么多，要是我，估计连你的二分之一都绣不完。"

　　"你可真有干劲啊，年底的销售任务你肯定能超前完成，真让人佩服。"

人们常说"和结果相比过程更重要"这句话。即便结果不太好，只要你努力过了，努力的过程就是一种收获。问题是谁会来评价过程呢？

再怎么努力学习也没考上的话，谁来评价这个过程？再怎么努力准备找工作也没能就业的话，谁来肯定你？再怎么努力学习英语考试分数就是上不去的话，谁会夸奖你？最终这个社会还是仅凭结果来评价你。

当然，社会的评价标准是残酷的。认为没考上的话就是没努力学习，分数低的话就是没努力，面试失败的话就是准备不足。谁会称赞过程，肯定你的付出？那就是你的家人和亲密无间的朋友。

我的小女儿在幼儿园里第一次手工制作了一朵康乃馨，她拿回家送给了我。那朵康乃馨做得歪歪扭扭很不像样，女儿送给我的时候也有些不好意思。即使这样，我收到花后也很高兴。这个时候，与其夸奖"花真好看"还不如夸奖制作花的过程。"是剪彩纸做的呢。""叶子画得真好，宝贝你真棒。"比起结果，孩子努力的过程，对妈妈的爱更令人称赞。

不光看结果，肯定努力的过程的话，真的会让人倍感温暖。

朋友之间也是如此。如果朋友送了一条项链给你做生日礼物，但是款式你并不满意，这时候，不要露出失望的表情，"哎呀，谢谢，挑项链辛苦了。你真有眼光。"这样避开项链本身去称赞她买礼物的过程,让朋友觉得她花的心思是值得的。如果朋友告诉你她最近升职了,比起简单的一句"恭喜你",诚恳地说出"你工作也很努力啊,付出终于有回报了,真是辛苦啦"像这样不光肯定结果,也肯定她的付出的称赞,让人听起来肯定心情非常愉悦。

虽说过程更重要,但是很少有人关注这一过程。只有当明确的结果出来后才会称赞那个结果,"考上首尔大学了啊,真厉害","听说你成功应聘 S 企业了,祝贺啊",就这样,人们一般都只会称赞结果。

这是每个人都能做到的称赞。亲密无间的朋友比任何人都清楚她完成那件工作所经历的过程。所以不问结果,称赞她努力的过程、辛苦的过程,这是真正能鼓舞我珍惜的人的秘诀。

19

伤害是处理人际关系的宝贵经验

"她怎么能这么伤我的心，我再也不信任她了。"

"没想到我付出这么多，她还是不把我当成好朋友，真让我难过。"

"没关系，这次的事情也让我重新认识了她，以后这种朋友不交也罢。"

　　有的人认为，真正的好朋友，是绝对不会让对方受到伤害的。可是，人和人之间相处不受伤害，这有可能吗？不可能！某种程度上我们就是通过不断地受伤来学习处理人际关系的。正如为了练习跑步不知道摔倒过多少次、为了优秀的演出不知道练习中失误了多少次那样，要想处理好人际关系，也会出现多次失误，受到多次伤害。

　　发生在亲密无间的朋友之间的伤害最大也最让人心痛。曾经认为彼此比任何人都亲近，即便为对方付出我的一切也不会可惜，而我这样倾心相待的朋友却伤害了我，这种伤痛是很长一段时间甚至是一生都无法愈合的。

　　要克服这种伤害，最重要的就是不要把受伤害本身当成问题。受到伤害，有时候并不是你自身的错，对你来说那是不可抗拒的事情。对已经发生的事情，光想让自己难过的事情的话只会让自己更难走出阴影。不要再次伤害已经受伤了的自己。

　　打预防针可以预防疾病，但是人和人之间发生的事情是没有预防针可打的，就算是打了预防针，有了心理准备也不会让你在经历过伤痛后就对离别和伤害产生耐受性。

　　不要沉浸于被伤害的事实里，要认真思考今后怎样做才能不受伤害。就像亡羊补牢，羊丢了不是把羊圈拆了而是修补它那样，不要说"我以后再也不交这样的朋友了"、"再也不交男朋友了"

这样没有意义的话。人是群居的动物，你无法一个人在这个世界上生存下去。人生就是在伤害带来的挫折和顿悟之间反复的过程。伤害，是让你成长、完善的必经过程。

20

母女关系由上下关系
变为平等关系

"我妈妈是我最知心的好朋友。"

"没有比母女关系更牢固的友谊了。"

"我和妈妈之间总吵架，但是每次有困难，她都是第一个站在我这边的人。"

女人之间的亲密关系中，还有比母女关系更难以言喻的微妙关系吗？一开始，母女之间虽然是生物学上的传承关系，但最终会转变为感情上复杂微妙的关系。特别是对于女孩来说，从小就和妈妈生活在一起，她会很自然地把妈妈的人生看作是自己人生的标准。

然而，妈妈和女儿的关系会随着时间的流逝而改变。

儿童心理咨询师埃里克森（Ericson）提出一个心理社会发达阶段的游戏建构法，第一阶段就明确提出，从我们呱呱落地之时起，妈妈就是我们生命中值得依靠的重要角色。我们与世间建立关系的第一个对象就是妈妈，并且这种关系会持续一生。就这样，母女关系建立之初，是不平等的。我们需要从妈妈那里吸取母乳和获取食物，因此可以说是从属关系。妈妈其实是在履行义务，而我们只有依靠妈妈才能在世上生存。

但是随着岁月的流逝，这种关系会而且必将发生变化。这种改变是孩子学会独立的过程；这种改变是自发、自觉的，同时也是与妈妈实现平等关系的关键。因此，在青春期对父母的态度有所改变是肯定的。

我曾经和一位世界女子花样滑冰冠军员谈论起她的家庭对她的影响，她一直在强调妈妈为了支持自己，付出了很多。但是，从她的叙述中，我发现她说得更多的是关于她与妈妈之间产生的矛盾，而不是她们之间亲密相处的事情。其实这就是个典型的例子。

作为一个社会的一员，为了独立，我们经常和妈妈发生口角，但这也是证明自己独立的方法之一。能够与妈妈友好相处，并且从不发生矛盾，这看起来反而不太正常。如果真的是这样，那就意味着有一方在作出牺牲。因此，从青春期到结婚之前，与妈妈之间的矛盾虽然很细微，但也是必要的、正常的。有时候因为太过亲近而故意说出一些话语让对方受伤，但那是孩童时与妈妈关系再次建立的过程。

人生中有两大难题，一个是跟与自己没有血缘关系的人组成家庭，一起生活（夫妇）；另一个是离开自己的亲人（妈妈）。

尽管与妈妈亲近是事实，但女孩一方面与妈妈亲近，另一方面又为了独立，而不断地与妈妈发生冲突。勉强与妈妈亲密相处其实也不是一件好事情。所以，不要太在意与妈妈之间的矛盾，只要把它当作是成长的必要过程就可以了。

21

婆媳之间永远是上下级关系

"我和婆婆真没办法相处，我都不想回家了。"

"我婆婆总是挑我的毛病，真让人心烦。"

"都说婆婆不如妈，我算是亲身体会到了，怎么差距这么大呢？"

曾经看过这样的一个笑话：

"玛利亚为什么这么幸福呢？"

"因为她既没有婆婆也没有媳妇。"

对此，也许世界上所有的女人都有同感。可以说古今中外，女人一生中最难处理的关系就是婆媳关系。

过去，女人们不外出工作，她们只能将婆婆当作"家人"来看待。不断地拿婆婆与自己的妈妈相比，这会使自己更加难以理解婆婆，难以与婆婆相处。

常言道："像对待女儿一样对待媳妇，像对待妈妈一样对待婆婆。"这话说起来容易，做起来难，媳妇就是媳妇，女儿就是女儿，妈妈就是妈妈，婆婆就是婆婆，互相之间是不可能等同对待的。

怎样处理婆媳之间的关系呢？

其实，进入现代社会后，很多女人都有了工作，变得独立起来，与婆婆之间的相处变得越来越容易。也许有人会说："这是什么傻话啊，我也是上班族，可是我和婆婆依旧合不来。"试着将婆婆当作是永远的上司来理解吧！你会发现，你们相处起来变得更加容易了。

上司是你工作上的领导者，是给你下达命令和任务的人。你需要把工作结果向她汇报，同时还要接受她反馈的信息。上司决定了你在这个公司的发展前途，但她并不是直接给你付工资的人。

这样理解婆媳关系怎么样？

婆婆是自己结婚前就已经存在的上司，在节日或是平时会吩咐你做事（虽然不是直接地吩咐）的人，你无论如何都要完成，并做出成绩（心甘情愿地去做，还是当作任务来做，这取决于个人），同时还要接受评论（当然并不会像在公司一样做好了就会得到表扬）。

在公司，你的上司也有可能会成为你的部下，或者会跳槽到别的公司，但是婆婆却是永远的上司。

试着把每一天都看成上班的第一天，把婆婆当成永远的上司。这样的话，你肯定会为了好好表现而努力工作。但这里的努力并不意味着无条件地付出所有，而是为了扮演好这个角色去努力做好分内之事。

很多媳妇都会这样抱怨说："婆婆让我做什么我就做什么，可是我总是觉得她不喜欢我。"人与人之间的交往，是需要真心付出的。换位思考一下，你自己是不是一开始就把婆婆与自己的妈妈区别对待，你内心里也不怎么喜欢婆婆？你没有付出真心，但又希望别人喜欢你、疼爱你，这样的要求不是很过分吗？想要得到对方的认可，就得先改变自己的态度和做法。

你是人脉女王

"交个朋友有必要那么费心吗？"

"这样做我的人际关系会变好吗？理清关系好像更麻烦哎。"

"谁谁和我好一些，谁谁和我不好，光是区分这些就很累了。"

"我们只是泛泛之交，她却很照顾我。这怎么办才好呢？我总觉得过意不去呀。"

本书中探讨了如何扩大 80% 的泛泛之交、巩固 20% 的普通朋友、抓牢影响你成败的 5% 的亲密关系。但是，想必有的读者朋友在读完这本书之后，还有未能解开的心结，这是因为忽视了两个重要的问题：我究竟应该把谁当作亲近的人，又应该把谁当作泛泛之交呢？这是你自己的选择题，谁都帮不了你。

如果你一直认为对方是至亲好友，对方却把你当成泛泛之交，这会令你很难过。若提前意识到这一点，并相应地把对方当作泛泛之交对待，也许你们的相处会更加和谐。"把谁界定为什么关系"——这会影响你的人生。

要注意的是，人与人之间的关系是会变的，并不是所有关系都会始终如一。在人际交往中，亲密的关系会突然变得疏远；而泛泛之交，也可以经由细心地经营变成知心好友，从而能在你困难的时候伸出援助之手。

对待不同关系的人，不要抱以相同的期待。如果你不能根据你和他人情感距离的变化来调整你的心态和交际方法，就只能像以前一样劳心费神，甚至受到伤害。人际关系是变化无常、难以预测、又常常事与愿违的。但是，不正是因为如此我们才能每天享受不同的乐趣吗？

所以，请记住吧：建立起属于你自己的人脉，你的人生就有了价值。